はじめに

　くらしのなかで、不動産というものがあらゆる側面を持ち、住み替えによる住まいの売却・購入、資産としての有効活用などをはじめ、不動産との関係がより密接になってきています。しかも、不動産に関連する税制は、生活環境の変化や政策的意図の観点から、毎年、何らかの改正が行われているのが実情です。

　そこで、本冊子では、令和5年度の税制改正を織り込んだうえ、このような不動産に関連する税金について、住まいの売却・購入、所有、贈与、相続、さらに資産活用としての賃貸経営に至るまでを、図解や事例を交えて、できるだけ簡潔に、しかも、わかりやすく、その要点をまとめてみました。

　不動産の税金に関する基本的なガイドブックとしてご活用いただき、皆様のこれからの有効な不動産活用と賢明な住み替えに、少しでもお役に立てば幸いです。

＜この冊子の構成＞

不動産に関する税金について、各項目を下記のようにパターン化して、できるだけわかりやすく記載しました。

OUTLINE ・・・各項目をポイント解説

 ・・・・特に気をつけたい点

 ・・・・知っていると、トクする事項

目　　次

不動産の贈与を受けたときにかかる税金

不動産を相続したときにかかる税金

不動産を貸し付けたときにかかる税金

不動産にかかる各種税金の早見表・速算表

印紙税

OUTLINE

●契約書・領収書・手形などに文書を作った人が収入印紙を貼り、消印して納める（国税）。
●印紙税のかからない文書に収入印紙を貼った場合、あるいは定められた金額以上の収入印紙を貼った場合は、税務署で一定の手続をすれば返還してもらえる。
●印紙税を納めなかった場合は、本来の印紙税額の3倍の過怠税がかかる。
●文書に貼った収入印紙を消印しなかった場合、消印しなかった金額と同額の過怠税がかかる。

印紙税の税額【一部】

【軽減後の税率は、令和6年3月31日まで適用。他は本則税率】 (単位：円)

課税標準		土地建物等の売買契約書・ローン契約書			建設工事請負に関する契約書（軽減後の税率）	受取書	
		不動産の譲渡に関する契約書（軽減後の税率）	地上権・土地の賃借権の設定・譲渡に関する契約書	消費貸借に関する契約書		売上代金に係る金銭の受取書	左以外の受取書
契約金額・受取金額の記載のあるもの（1通につき）	10万円以下			200	200	200	
	10万円超50万円以下	200		400			
	50万円超100万円以下	500		1,000			
	100万円超200万円以下	1,000		2,000		400	
	200万円超300万円以下				500	600	
	300万円超500万円以下				1,000	1,000	
	500万円超1,000万円以下	5,000		10,000	5,000	2,000	
	1,000万円超2,000万円以下	10,000		20,000	10,000	4,000	
	2,000万円超3,000万円以下					6,000	
	3,000万円超5,000万円以下					10,000	
	5,000万円超1億円以下	30,000		60,000	30,000	20,000	200
	1億円超2億円以下	60,000		100,000	60,000	40,000	
	2億円超3億円以下					60,000	
	3億円超5億円以下					100,000	
	5億円超10億円以下	160,000		200,000	160,000	150,000	
	10億円超50億円以下	320,000		400,000	320,000	200,000	
	50億円超	480,000		600,000	480,000		
契約金額の記載のないもの（1通につき）				200	200	200	
非課税物件		契約金額の記載のある契約書のうち、契約金額が1万円未満のもの			契約金額の記載のある契約書のうち、契約金額が1万円未満のもの	記載された受取金額が5万円未満のもの及び営業に関しない受取書	

●**賃貸借契約書**：「土地賃貸借契約書」の賃料は、記載金額に該当せず、契約金額の記載のないものに該当（印紙税額200円）。「建物賃貸借契約書」は、不課税文書（印紙税不要）。

- **「売上代金」**とは、資産の譲渡若しくは使用又は役務の提供により受ける対価をいう。
- **「消費税額が区分記載されているとき」**の消費税相当額は、記載金額に含めない。
- **営業に関しない受取書**：個人が事業を離れて私的日常生活において作成するものや、商法上商人に当たらない医師、弁護士、公益法人等の作成するものが該当（個人が業務上作成するものや、株式会社などの営利法人が作成する受取書は、この文書に該当しない）。

登録免許税

OUTLINE

- 国税のひとつ。
- 不動産の登記などを行う場合にかかる。
- 登記の種類によって税率は異なる。
- 一定の土地・家屋については軽減措置がある。
- 表題登記には、課税されない。

登録免許税の税率【一部】

- 「＊」印を付したものには、『税率の軽減措置』が設けられており、（　）内の税率が適用される。

登記事項	課税標準	税率
（1）所有権の保存登記（＊）	不動産の価額	0.4%
（2）所有権の移転の登記 　イ）相続（相続人に対する遺贈を含む）又は法人の合併による移転の登記	不動産の価額	0.4%
ロ）共有物の分割による移転の登記 　ハ）土地の売買による移転の登記（＊） 　ニ）売買（土地の売買を除く）その他の原因による移転の登記（＊） 　ホ）遺贈（相続人に対する遺贈を除く）、贈与、交換その他無償名義による移転		0.4% （1.5%）2.0% （0.3%）2.0% 2.0%
（3）地上権、永小作権、賃借権又は採石権の設定、転貸又は移転の登記 　イ）設定又は転貸の登記 　ロ）相続又は法人の合併による移転の登記 　ハ）共有に係る権利の分割による移転の登記 　ニ）その他の原因による移転の登記	不動産の価額	1.0% 0.2% 0.2% 1.0%
（3の2）配偶者居住権の設定の登記	不動産の価額	0.2%
（4）地役権の設定の登記	承役地の不動産の個数	1個1,500円
（5）先取特権の保存、質権又は抵当権の設定（＊）、競売及び強制管理に係る差押え、仮差押え、仮処分又は抵当付債権の差押え、その他権利の処分の制限の登記	債権金額、極度金額又は不動産工事費用の予算金額	（0.1%）0.4%
（6）所有権の登記のある不動産の表示の変更の登記で次に掲げるもの 　イ）土地の分筆又は建物の分割若しくは区分による登記事項の変更の登記	分筆・分割区分後の不動産の個数	1個1,000円
ロ）土地の合併又は建物の合併による登記事項の変更の登記	合併後の不動産の個数	1個1,000円
（7）付記登記、抹消した登記の回復の登記又は登記の更正若しくは変更の登記	不動産の個数	1個1,000円
（8）土地の所有権の信託の登記（＊）	不動産の価額	（0.3%）0.4%
（9）仮登記（次に掲げる登記事項の仮登記又はその登記の請求権保全のための仮登記） 　イ）（1）又は（2）のイ・ロ 　ロ）（2）のハ・ニ・ホ）、（3の2） 　ハ）（3）のイ・ニ 　ニ）（3）のロ・ハ	不動産の価額	 0.2% 1.0% 0.5% 0.1%
ホ）その他のもの	不動産の個数	1個1,000円

＊『軽減税率』の詳細については、8〜9ページ参照。

課税標準

「不動産の価額」とは、市町村の固定資産課税台帳に記載された固定資産税評価額をいう。新築家屋の場合は、固定資産税評価額が登記申請時にまだ決まっていないため、次表の評定価格を用いる。

【新築建物課税標準価格認定基準表〈抄〉】　　　　　　　　　　　　**【令和3年4月1日以降分】**

(1㎡単価・単位円)

法務局	構造／種類	木造	れんが造・コンクリートブロック造	軽量鉄骨造	鉄骨造	鉄筋コンクリート造	鉄骨鉄筋コンクリート造
東京法務局	居宅	102,000	—	114,000	124,000	158,000	—
	共同住宅	110,000	—	114,000	124,000	158,000	—
	旅館・料亭・ホテル	94,000	—	—	170,000	170,000	—
	店舗・事務所・百貨店・銀行	72,000	—	63,000	135,000	152,000	—
	劇場・病院	78,000	—	—	170,000	170,000	—
	工場・倉庫・市場	55,000	59,000	61,000	91,000	92,000	—
大阪法務局	居宅	97,000	—	103,000	113,000	148,000	—
	共同住宅	100,000	—	103,000	113,000	148,000	—
	旅館・料亭・ホテル	104,000	—	—	132,000	132,000	—
	店舗・事務所・百貨店・銀行	75,000	—	76,000	119,000	138,000	—
	劇場・病院	80,000	—	—	132,000	132,000	—
	工場・倉庫・市場	54,000	56,000	45,000	73,000	73,000	—

注意 ●新築家屋の評定価格は、地域によって異なるので、その地域の所轄法務局の『新築建物課税標準価格認定基準表』で確認する必要がある。

税率の免税措置

■土地の相続登記に対する免税措置

相続により、土地の所有権を取得し所有権の移転登記を受けずに亡くなり、その者の相続人が平成30年4月1日から令和7年3月31日までの間に、その死亡した者を登記名義人とする移転登記について免税の措置が設けられている。

税率の軽減措置

■土地の売買による所有権の移転登記等の軽減措置

令和8年3月31日までに行う土地の売買による所有権の移転登記等については、次の税率の軽減措置が設けられている。

区　　分	H24.4.1～R8.3.31
❶土地の売買による所有権の移転登記	1.5%
❷土地の所有権の信託の登記	0.3%

■住宅用家屋の登記に係る軽減措置

令和6年3月31日までに取得等した住宅用家屋（長期優良住宅は、平成21年6月4日～令和6年3月31日の間に、低炭素住宅は、都市の低炭素化の促進に関する法律の施行日（平成24年12月4日）から令和6年3月31日の間に新築等したもの）に係る登記については、次表の条件を満たす場合、税率を軽減する措置が設けられている。

登記すべき事項	軽減税率及び適用要件［＊（ ）内は、本則課税］		
❶住宅を新築した場合の所有権の保存登記 　①新築住宅の特例 　②長期優良住宅の特例 　③低炭素住宅の特例	（0.40%） 0.15% 0.10% 0.10%	《適用要件》	
❷新築未使用住宅を取得した場合の所有権の移転登記 　①新築住宅の特例 　②長期優良住宅の特例 　③低炭素住宅の特例	（2.00%） 0.30% 0.10%（一戸建ての場合は、0.20%） 0.10%		

《適用要件》（❶❷）

家屋1棟の床面積	50㎡以上（上限なし）
家屋	新築又は取得後未使用のもの
登記の期限	新築又は取得後1年以内の登記

❸既存住宅の場合（所有権の移転登記）　（2.00%）　0.30%

《適用要件》

既存住宅		R4.3.31まで	R4.4.1以降
	耐火建築物	築後25年以内	昭和57年1月1日以後に建築された家屋
	耐火建築物以外	築後20年以内	
	地震に対する安全上必要な構造方法に関する必要な技術的基準又はこれに準ずるものに適合する一定の既存住宅（H25.4.1以後に取得する既存住宅については、既存住宅売買瑕疵保険に加入しているものを含む）		
家屋1棟の床面積		50㎡以上（上限なし）	
登記の期限		取得後1年以内の移転登記	

（＊）宅地建物取引業者により一定の増改築等をした既存住宅（築10年を経過したもので、その者が取得する前2年以内にその宅地建物取引業者が取得したものに限る）をその宅地建物取引業者から取得し、その取得した者が居住の用に供する場合、その既存住宅の取得に係る所有権移転登記の税率は0.1%（本則2.0%）が適用される（平成26年4月1日から令和6年3月31日までの間に行われる登記について適用される）。

<増改築等の要件>
一定の大規模修繕（工事費用の総額が100万円超）又は一定の住宅性能向上を目的とした改修工事（工事費用が50万円超）に該当し、その工事費用の総額が既存住宅の譲渡対価の20%相当額以上であること。

❹住宅取得資金の貸付等に係る抵当権の設定登記　（0.40%）　0.10%

《適用要件》

資金の貸付等	上記❶～❸に定める住宅用家屋を取得するための資金の貸付等であること
登記の期限	新築又は取得後1年以内の登記

注意
- 原則として建物の取得を対象とし、土地についての適用はない。
- 取得者本人の居住の用に供しているもののみ適用がある。
- 専ら住宅用である家屋（床面積の90%超が住宅用）にのみ適用あり。
- 共有の場合は、居住の用に供している者の持分に係る部分についてのみ適用あり。

不動産取得税

OUTLINE

- ●土地や建物等の不動産を取得した者に対し、都道府県が1回限り課す地方税。
- ●登記申請後、都道府県税事務所などから納税通知書が送られてくるので、それに従って銀行等から納付する。
- ●不動産の取得には売買によるものだけでなく、家屋の建築、増改築、不動産の交換や贈与（死因贈与を含む）も含まれる。ただし、相続（包括遺贈及び被相続人からの相続人に対する遺贈を含む）や法人の合併のように形式的な移転の場合は非課税。
- ●宅地及び宅地比準地には、課税標準の特例措置を設けている。
- ●一定の条件を満たす家屋及び住宅用地には、課税標準の特例及び税額の軽減措置が設けられている。

税額

土地及び住宅	課税標準×3%（本則4%、R6.3.31までの特例措置で3%）
事務所・店舗等の家屋	課税標準×4%

課税標準

原則として、市町村の固定資産課税台帳に記載された固定資産税評価額による。

＊宅地及び宅地比準土地の課税標準は、H18.1.1～R6.3.31の間に取得したものについては、固定資産税評価額の1／2。

主な軽減措置

★住宅についての課税標準の特例

	条　件	内　容	備　考
特例適用住宅	住宅を新築したり、新築住宅を購入した場合で、次の条件に当てはまるもの ●床面積が50㎡以上240㎡以下 ●アパート等については貸室1室につき40㎡以上240㎡以下	**❶新築住宅の軽減特例** ●1戸につき1,200万円まで非課税 ●税額＝（評価額－1,200万円）×3% **❷長期優良住宅の軽減特例** ●1戸につき1,300万円まで非課税 ●税額＝（評価額－1,300万円）×3% ●H21.6.4～R6.3.31の間に新築された長期優良住宅が対象 　（上記❶との併用は、不可）	●別荘は対象外 ●店舗など併用住宅は居住用部分が適用対象 ●取得者自身の居住の用に供していない住宅も対象となる。
既存住宅	中古（既存）住宅を取得した場合で、次の条件に当てはまるもの 新築された住宅でまだ人の居住の用に供されたことがないもの以外の住宅 ●床面積が50㎡以上240㎡以下 ●次のいずれかに該当するもの ①昭和57年1月1日以降に新築されたものであること ②昭和56年12月31日以前に新築されたもののうち、新耐震基準に適合しているものとする証明を受けたものであること（証明に係る調査が住宅の取得日前2年以内に終了しているものに限る）（注2） ③昭和56年12月31日以前に新築されたもののうち、平成26年4月1日以降に取得し、取得した日から6か月以内に耐震改修を行い、新耐震基準に適合していることについての証明を受けたものであること	●1戸につき、住宅が新築された時点により次の額を控除 S51.1.1～S56.6.30‥‥350万円 S56.7.1～S60.6.30‥‥420万円 S60.7.1～H元.3.31‥‥‥450万円 H元.4.1～H9.3.31‥‥1,000万円 H9.4.1以降‥‥‥‥‥1,200万円 ●税額＝（課税標準－控除額）×3%	●取得者は個人に限定 ●取得者自身の居住の用に供していること

（注1）特例を受けるための条件のうち、床面積の要件については、現況の床面積で判定するため、登記床面積と異なる場合がある。また、アパート等は共用部分の床面積を専有部分の床面積割合によりあん分した床面積を含む。

（注2）H25.4.1以後に取得する既存住宅については、既存住宅売買瑕疵保険に加入しているものを含む。

★住宅用地についての税額軽減措置

<table>
<tr><th colspan="2">条　　件</th><th>内　　容</th><th>備　　考</th></tr>
<tr>
<td rowspan="9">住宅用土地</td>
<td>①特例適用住宅を新築する場合
●土地の取得後2年（H16.4.1からR6.3.31までの取得については3年。なお、やむをえない事情がある場合には4年）以内にその土地の上に特例適用住宅が新築された場合（＊）
●特例適用住宅の新築後1年以内にその敷地を取得した場合</td>
<td rowspan="3">●税額＝（課税標準×3%）－軽減額
●軽減額は、次のいずれか多い金額
(1)4万5,000円
(2)土地の1㎡当たりの評価額（＊）
　×住宅の床面積の2倍（200㎡が限度）×3%
＊R6.3.31までの間は、その土地の1㎡当たりの評価額×1／2</td>
<td rowspan="3">●土地の上にある住宅が、上記の特例の対象になるものであること。
●土地を取得した後2年（H16.4.1からR6.3.31までの取得については3年（やむを得ない事情があるときは4年)）以内に住宅を新築する予定のときは申告により軽減分の税徴収が猶予される。</td>
</tr>
<tr>
<td>②新築未使用の特例適用住宅及びその敷地（いわゆる建売住宅）を購入する場合
●新築未使用の特例適用住宅及びその敷地をその住宅の新築後1年以内に取得した場合（同時取得を含む）</td>
</tr>
<tr>
<td>③自己の居住の用に供する新築未使用の特例適用住宅又は既存住宅を取得する場合（②を除く）
土地の取得前1年以内又は土地の取得後1年以内に、その土地の上にある自己の居住の用に供する新築未使用の特例適用住宅（H10.4.1以後に新築れたものに限る）又は既存住宅を取得した場合</td>
</tr>
</table>

＊原則は、土地を取得した者がその土地の上に特例適用住宅を新築した場合に限り適用があるが、次に掲げるケースについても、この軽減措置の適用を受けることができる。
　①土地を取得した者が、その土地を住宅の新築の時まで引き続き所有している場合には、土地の所有者以外の者が新築しても適用がある。
　②土地を取得した者がその土地を譲渡しており、直接その土地の譲渡を受けた者が特例適用住宅を新築した場合についても適用がある。

★サービス付き高齢者向け賃貸住宅の特例　　【H23.10.20〜R7.3.31間の新築・取得分に適用】

　高齢者の居住の安定確保に関する法律に規定するサービス付き高齢者向け賃貸住宅で、1戸あたりの床面積が30㎡以上160㎡以下（R5.3.31までは180㎡以下、R3.3.31までは210㎡以下、H29.3.31までは280㎡以下）、住宅戸数が10戸以上（H29.3.31までは5戸以上）であるものの新築、その敷地の用に供する土地の取得については、上記特例適用住宅（新築住宅の軽減特例）、住宅用土地等と同様に計算した課税標準の特例、税額軽減措置が設けられている。

★買取再販で扱われる住宅の取得に係る特例　　【H27.4.1〜R7.3.31間の取得分に適用】

　宅地建物取引業者が既存住宅を買取りし、住宅性能の一定の向上を図るため耐震適合要件を満たす改修工事を行った後、取得の日から2年以内に個人に住宅を再販し、その個人の居住の用に供された場合は、その宅地建物取引業者の住宅の取得に係る税額から、次の算式で計算した金額が減額される。

　軽減額＝既存住宅の控除額（10ページの表参照）× 3%

★タワーマンションの取得に係る不動産取得税の見直し

　高さが60m超のタワーマンションの取得に係る不動産取得税については、評価額を専有部分の床面積割合によって単純に按分する方法から、住戸の所在する階層の違いによる取引単価の差異を反映させるための補正率（階層別占有床面積補正率：1階を100として階が1増すごとにこれに「10を39で除した数」）により補正する方法に変更となる。（H30年度から新たに課税されることになるタワーマンションについて適用される。ただし、H29.4.1前に売買契約が締結されたものを除く。）

$$\text{タワーマンション 各住戸の税額} = 1棟の税額 \times \frac{\text{各住戸の専有床面積} \times \text{階層別専有床面積補正率}}{\text{専有床面積（補正後）の合計}}$$

$$*N階の階層別専有床面積補正率 = 100 + 10/39 \times (N-1)$$

　なお、上記にかかわらず、居住用超高層建築物の区分所有者全員による申出（階層別専有床面積補正率を用いないこととする申出を含む。）があった場合には、当該申し出た割合により当該居住用超高層建築物の価格を按分することができる。

軽減措置を受けるための手続

●軽減措置を受けるには

　軽減措置を受けるためには、原則として都道府県税事務所への申告が必要となるが、都道府県によっては軽減後の金額で納税通知書を送付してくる。

　なお、土地等を取得した場合には、登記申請後約3か月後、家屋を新築した場合には、一般的に翌年6月又は7月頃に納税通知書が送付されてくる。

●不動産取得税がかからないケース（免税）

　不動産の評価額が、次の金額未満のときは、不動産取得税が課税されない。

区　分		評価額
土　地		10万円未満
家屋	新築・増改築の場合	1戸につき23万円未満
	売買・交換・贈与などの場合	1戸につき12万円未満

住宅ローン控除

OUTLINE

- ●個人が住宅ローンにより住宅（認定住宅等を含む）を購入・新築した場合や買取再販住宅を購入した場合、住宅とともに土地を購入した場合、さらに居住用家屋の増改築等（大規模修繕工事、バリアフリー改修工事及び断熱改修工事を含む）をした場合、所得税が減税される。ただし、減税される所得税額は、入居した年によって異なる。
- ●バリアフリー改修工事費用は、住宅ローン控除かバリアフリー改修特別控除（25ページ）との選択適用となる。
- ●省エネ改修工事費用は、住宅ローン控除か省エネ改修工事特別控除（26ページ）との選択適用となる。
- ●初めてこの特例を受けるには、税務署に確定申告をする必要がある。
- ●平成21年以降の入居で、住宅ローン控除の控除不足額がある場合は、一定額を限度として住民税から控除可能。

居住年別の控除額

> 住宅借入金等の年末残高×控除率＝住宅ローン控除額（住宅ローン控除前の所得税の額が限度）

　居住の用に供した年《居住年》により控除対象となる住宅借入金等の限度額・控除率が異なる。

(1) 一般住宅

居住年		年末残高の限度額	控除率		期間
平成26年1月～令和元年9月	①消費税率8%	4,000万円	1%		10年
	② ①以外	2,000万円	1%		10年
令和元年10月～令和2年12月	①消費税率10%	4,000万円	1年目～10年目	1%	13年
			11年目～13年目	いずれか少ない額 ①1%で計算した額 ②住宅の税抜購入金額×2%÷3	
	②消費税率8%	4,000万円	1%		10年
	③ ①・②以外	2,000万円	1%		10年
令和3年	①特別特例取得*1 又は 特例特別特例取得*2	4,000万円	1年目～10年目	1%	13年
			11年目～13年目	いずれか少ない額 ①1%で計算した額 ②住宅の税抜購入金額×2%÷3	
	②消費税率10%(8%)	4,000万円	1%		10年
	③ ①・②以外	2,000万円	1%		10年
令和4年	①特別特例取得*1 又は 特例特別特例取得*2	4,000万円	1年目～10年目	1%	13年
			11年目～13年目	いずれか少ない額 ①1%で計算した額 ②住宅の税抜購入金額×2%÷3	
	② ①以外	3,000万円	0.7%		13年
令和5年		3,000万円	0.7%		13年
令和6年～令和7年		2,000万円	0.7%		13年

*1　消費税率10%が適用される住宅の新築等で、新築(注文住宅)の場合には、令和2年10月から令和3年9月まで、分譲・中古住宅・増改築等の場合には、令和2年12月から令和3年11月までの期間内に契約が締結されているものをいう。
*2　*1の「特別特例取得」に該当するものをのうち、床面積が40㎡以上50㎡未満の住宅の取得をいう。
*3　新築住宅のうち、令和5年12月31日までの建築確認を受けたもの、又は令和6年6月30日までに建築されたものが対象となり、床面積が40㎡以上50㎡未満に該当するものについては、令和5年12月31日までに建築確認を受けたものが対象となる。また、買取再販住宅についても対象となる。
*4　令和4年(特別特例取得又は特例特別特例取得に該当する場合を除く)から令和7年までに居住の用に供する場合において、買取再販住宅に該当しない中古住宅を取得したときは、年末残高の限度額は2,000万円、期間は10年となる。

(2) 認定住宅等

①認定長期優良住宅・認定低炭素住宅

　　認定長期優良住宅とは、長期優良住宅の普及の促進に関する法律に規定する認定長期優良住宅に該当する家屋で一定のものをいう。

　　認定低炭素住宅とは、都市の低炭素化の促進に関する法律に規定する低炭素建築物に該当する家屋で一定のもの又は同法に規定する低炭素建築物とみなされる特定建築物に該当する家屋で一定のものをいう。

居住年		年末残高の限度額	控除率		期間
平成26年1月～3月		3,000万円	1%		10年
平成26年4月～令和元年9月		5,000万円	1%		10年
令和元年10月～令和2年12月	①消費税率10%	5,000万円	1年目～10年目	1%	13年
			11年目～13年目	いずれか少ない額 ①1%で計算した額 ②住宅の税抜購入金額×2%÷3	
	②消費税率8%	5,000万円	1%		10年
	③ ①・②以外	3,000万円	1%		10年
令和3年	①特別特例取得*1 又は 特例特別特例取得*2	5,000万円	1年目～10年目	1%	13年
			11年目～13年目	いずれか少ない額 ①1%で計算した額 ②住宅の税抜購入金額×2%÷3	
	②消費税率10%(8%)	5,000万円	1%		10年
	③ ①・②以外	3,000万円	1%		10年
令和4年	①特別特例取得*1 又は 特例特別特例取得*2	5,000万円	1年目～10年目	1%	13年
			11年目～13年目	いずれか少ない額 ①1%で計算した額 ②住宅の税抜購入金額×2%÷3	
	② ①以外	5,000万円	0.7%		13年
令和5年		5,000万円	0.7%		13年
令和6年～令和7年		4,500万円	0.7%		13年

*1　消費税率10%が適用される住宅の新築等で、新築(注文住宅)の場合には、令和2年10月から令和3年9月まで、分譲・中古住宅・増改築等の場合には、令和2年12月から令和3年11月までの期間内に契約が締結されているものをいう。
*2　*1の「特別特例取得」に該当するものをいう。
*3　令和4年(特別特例取得又は特例特別特例取得に該当する場合を除く)から令和7年までに居住の用に供する場合において、買取再販住宅に該当しない中古住宅を取得したときは、年末残高の限度額は3,000万円、期間は10年となる。

②ZEH水準省エネ住宅

ZEH水準省エネ住宅とは、①に該当する家屋以外の家屋で、日本住宅性能表示基準における断熱等性能等級（断熱等級）5以上、かつ、一次エネルギー消費量等級（一次エネ等級）6以上の性能を有する住宅をいう。

居 住 年	年末残高の限度額	控除率	期間
令和4年～令和5年	4,500万円	0.7%	13年
令和6年～令和7年	3,500万円		

＊買取再販住宅に該当しない中古住宅を取得した場合には、年末残高の限度額は3,000万円、期間は10年となる。

③省エネ基準適合住宅

省エネ基準適合住宅とは、①及び②に該当する家屋以外の家屋で、日本住宅性能表示基準における断熱等性能等級（断熱等級）4以上、かつ、一次エネルギー消費量等級（一次エネ等級）4以上の性能を有する住宅をいう。

居 住 年	年末残高の限度額	控除率	期間
令和4年～令和5年	4,000万円	0.7%	13年
令和6年～令和7年	3,000万円		

＊買取再販住宅に該当しない中古住宅を取得した場合には、年末残高の限度額は3,000万円、期間は10年となる。

（3）増改築等

居 住 年		年末残高の限度額	控 除 率		期間
令和4年	①特別特例取得＊1 又は 特例特別特例取得＊2	4,000万円	1年目～10年目　1%		13年
			11年目～13年目	いずれか少ない額 ①1%で計算した額 ②住宅の税抜購入金額 ×2%÷3	
	②　①以外	2,000万円	0.7%		10年
令和5年～令和7年		2,000万円	0.7%		10年

＊1　消費税率10%が適用される住宅の増改築等で、令和2年12月から令和3年11月までの期間内に契約が締結されているものをいう。
＊2　＊1の「特別特例取得」に該当するもののうち、床面積が40㎡以上50㎡未満の住宅の取得をいう。
＊3　バリアフリー改修工事や省エネ改修工事、多世帯同居改修工事を含む増改築等をした場合で、住宅特定改修特別税額控除を受けられる場合の要件にも該当するときは、住宅ローン控除に代えて住宅特定改修特別税額控除を受けることができる。
＊4　平成26年から令和3年の居住年については、「(1) **一般住宅**」を参照。

- ●住宅ローン控除の適用を受けるには、購入・新築・増改築等の日から6か月以内に入居し、また、適用を受ける年の12月31日まで引き続き住むことが必要。
- ●住宅ローン控除と住宅取得等資金贈与の特例（61ページ）は、いずれも重複して適用できるが、その場合の住宅借入金等の金額の合計額は、次の金額のうちいずれか低い金額となる。
  - ①　住宅の取得等に係る借入金の金額
  - ②　住宅の取得等に係る対価の額から住宅取得等資金の贈与額を控除した金額

- ●**【11～13年目の控除額】**（1～10年目の住宅ローン控除額は、従前どおり）
  次のいずれか少ない金額が住宅ローン控除額
  - ①　住宅借入金等の年末残高（一般住宅は4,000万円、上記認定住宅は5,000万円が控除限度額）×1%
  - ②　住宅の消費税抜購入価格（4,000万円又は5,000万円が限度）×2%÷3
- ●居住した日からその年の12月31日までの間に転勤等で居住しなくなった場合には、再入居年（その年に賃貸の用に供していた場合は、その翌年）以後の各適用年に住宅ローン控除が適用できる。
- ●住宅を居住の用に供する前に増改築等を行い、その後6か月以内に居住の用に供した場合にも住宅ローン控除が適用できる。

適用対象となる住宅

区　分	条　件	備　考
新築住宅 (認定住宅等)	●床面積が50㎡以上であること (●認定住宅等の要件を満たす家屋に該当す ること)	●店舗など併用住宅は自己の居住用床面積が全体の2分の1以上であること
既存住宅 (認定住宅等)	●床面積が50㎡以上であること ●次のいずれかに該当すること 　(1) 昭和57年1月1日以後に建築されたものであること 　(2) 取得の日前2年以内に、耐震住宅であること 　(3) 要耐震改修住宅のうち、その取得の日までに耐震改修を行うことについての申請をし、かつ、居住の用に供した日までにその耐震改修により家屋が耐震基準に適合することにつき証明がされたものであること ●認定住宅等の要件を満たす家屋に該当すること	●店舗など併用住宅は自己の居住用床面積が全体の2分の1以上であること
増改築	●工事後の家屋の床面積が50㎡以上であること ●工事の費用が100万円(補助金等の額を除く)を超えること ●増築、改築、バリアフリー改修、大規模の修繕工事及び省エネ改修工事で一定の証明がされたもの	●工事に自己の居住用以外の部分がある場合、居住用部分の工事費が全体の2分の1以上であること ●店舗など併用住宅は、工事後の自己の居住用床面積が全体の2分の1以上であること ●地震に対する安全上必要な一定の修繕、模様替え及び一定の省エネ改修工事も含まれる

＊認定住宅等の条件については、新築住宅又は既存住宅の条件と( )書の条件の両方を必要とする。
＊既存住宅については、令和3年12月31日以前に居住の用に供する場合は、建築年要件(昭和57年1月1日以後建築)ではなく、築年数要件(耐火建築物：築後25年以内、耐火建築物以外：築後20年以内)を満たす住宅を対象とする。

適用対象となるローン

●住宅の購入・新築・増改築のためのローン等で返済期間が10年以上のもの(公的融資・民間融資を問わない)。
●住宅とともに土地を購入するためのローンも控除対象となるが、土地を先行取得した場合には、適用対象となるローンには一定の条件が必要。(19ページケース2参照)
●住宅ローンが2つ以上ある場合は、その残高を合計したもの。
●住宅ローンの残高は、金融機関などが発行する証明書による。

注意　●社内融資等の場合は、利率が年0.2%以上のもの(会社から利子補給がある場合は、実質金利が年0.2%以上のもの)。

特例が受けられない場合

次の場合、住宅ローン控除は利用できない。
(1) その年の合計所得金額が2,000万円を超えている場合(適用期間全部ではなく、2,000万円を超える年分だけ受けられない)
(2) 令和3年度税制改正により、床面積が40㎡以上50㎡未満である家屋について適用を受けるときに、その年の合計所得金額が1,000万円を超えている場合(適用期間全部ではなく、1,000万円を超える年分だけ受けられない)
(3) 居住の年、その前年、その前々年のいずれかに次の特例の適用を受けている場合(適用期間すべて受けられない)
　イ)居住用財産を譲渡した場合の長期譲渡所得の課税の特例

　　ロ）居住用財産の3,000万円特別控除（空き家に係る譲渡所得の特別控除の特例を除く）
　　ハ）居住用財産の買換えの場合の長期譲渡所得の課税の特例
　　ニ）居住用財産を交換した場合の長期譲渡所得の課税の特例
　　ホ）既成市街地等内にある土地等の中高層耐火建築物等の建設のための買換え及び交換の場合の譲渡所得の課税の特例
（4）居住年の翌年以後3年以内※の各年中のいずれかに、特例の対象となる家屋及び敷地以外の住宅等（以前住んでいた住宅で住まなくなってから3年目の年末に至っていないものなど）を譲渡して、上記（3）の特例を受ける場合（上記（3）の特例の適用を受ける場合には、すでに受けている前年以前3年分の住宅ローン減税の税額を、修正申告書又は期限後申告書を提出して返還しなければならない）。
　　※令和2年3月31日までの譲渡の場合は2年以内
（5）居住の年とその翌年のいずれかに、認定住宅等の新築等をした場合の所得税額の特別控除（24ページ）の適用を受けている場合（適用期間すべて受けられない）
（6）その者が主として居住の用に供すると認められないもの
（7）住宅の取得（土地等を含む）が生計一親族や特別な関係のある者からの取得
（8）贈与による取得

適用を受けるための手続

（1）入居した翌年の手続
　確定申告書に住宅ローン控除を受ける旨の記載をし、控除を受けるべき金額の計算に関する明細書とともに次の表に掲げる書類を添付して、入居した年の翌年2月16日～3月15日の間に税務署に提出する。

	添 付 書 類
新築住宅（認定住宅等）	●金融機関等が発行したローンの年末残高の証明書 ●家屋及び土地等の登記事項証明書（登記簿謄本又は抄本） ●売買契約書又は請負契約書など家屋や土地等の取得年月日、床面積、取得対価又は請負代金の額及び消費税等の適用税率を明らかにする書類の写し ●源泉徴収票（給与所得者の場合のみ） （●認定通知書の写し等一定の書類）
既存住宅（認定住宅等）	●金融機関等が発行したローンの年末残高の証明書 ●家屋及び土地等の登記事項証明書（登記簿謄本又は抄本） ●売買契約書など家屋や土地等の取得年月日、床面積及び取得対価の額を明らかにする書類の写し ●源泉徴収票（給与所得者の場合のみ） （●認定通知書の写し等一定の書類）
増改築等	●金融機関等が発行したローンの年末残高の証明書 ●増改築等をした家屋の登記事項証明書（登記簿謄本又は抄本）など、その家屋が床面積の要件を満たすことを明らかにする書類 ●請負契約書など増改築等をした年月日、その費用の額及び消費税等の適用税率を明らかにする書類の写し ●建築基準法の確認済証の写しもしくは検査済証の写し又は建築士の発行した「増改築等工事証明書」 ●源泉徴収票（給与所得者の場合のみ）

＊1．認定住宅等の条件については、新築住宅又は既存住宅の条件と（　）書の条件の両方が必要。
＊2．既存住宅で築年数要件を満たさない場合は、建築士等が交付する耐震基準適合証明書、住宅性能評価書の写し又は既存住宅売買瑕疵担保責任保険契約が締結されていることを証する書類が必要。
＊3．令和5年1月1日以後に居住の用に供する家屋について、当該規定の適用を受ける場合には、住宅借入金等に係る一定の債権者に対して、氏名及び住所、個人番号その他一定の事項を記載した書類を提出しなければならない。

注意
●還付を受ける場合は、2月15日以前でも、税務署で還付申告書を受け付けてもらえる。
●共有者にも借入れがある場合は、共有者も確定申告をすることにより住宅ローン控除を受けることができる（ただし、同居し、かつ、所得税を納めている共有者に限る）。

（2）2年目以降の手続

2年目以降の手続は、次のとおり。

給与所得者の場合

給与所得者は、1年目に確定申告した場合、2年目以降は次の書類を勤務先に提出することで、年末調整により控除を受けることができる。

　イ）給与所得者の住宅借入金等特別控除申告書（税務署から送付）

　ロ）年末調整のための住宅借入金等特別控除証明書（税務署から送付）

　ハ）住宅取得資金に係る借入金の年末残高証明書（金融機関が発行）

給与所得者以外の場合

確定申告書に、次の書類を添付して毎年申告する。

　イ）住宅借入金等特別控除額の計算の明細書（共有の場合、ローンの残高が限度額を超える場合など）

　ロ）住宅取得資金に係る借入金の年末残高証明書（金融機関が発行）

（3）住宅ローン控除適用後に転勤等により居住しないこととなり、再居住時に再び適用を受けるための手続

① 転居時

再居住時に、住宅ローン控除の再適用を受ける場合には、居住の用に供しなくなる日までに、「転任の命令等により居住しないこととなる旨の届出書」に一定の事項を記載し、納税地の所轄税務署長に提出する。また、税務署から送付されてきた「給与所得者の住宅借入金等特別控除申告書」及び「年末調整のための住宅借入金等特別控除証明書」のうち未使用分を添付しなければならない。

② 再居住時

再適用を受ける年分の確定申告書に、住宅ローン控除を受ける金額に関する記載及び次の書類を添付して提出する。

　イ）住宅ローン控除額の計算明細書

　ロ）金融機関等が発行したローンの年末残高証明書

　ハ）源泉徴収票（給与所得者の場合のみ）

（4）居住年の12月31日までに転勤等により居住しないこととなり、再居住時に適用を受けるための手続

① 転居時：手続き等は不要

② 再居住時：必要事項を記載した確定申告書に、上記（1）に記載する書類に加えて、次に掲げる書類を添付して税務署に提出する。

　イ）住宅ローン控除額の計算明細書

　ロ）当初居住年において居住の用に供していたことを証する書類

　ハ）転任の命令等のやむを得ない事由によりその家屋を居住の用に供さなくなったことを明らかにする書類

平成21年〜令和7年12月間の入居者に係る住民税の減額特例

平成21年から令和7年12月までに入居し、所得税の住宅ローン控除（特定増改築等に係る住宅借入金等は除く）の適用を受けている者のうち、所得税からその年分の住宅ローン控除額を差し引いた場合に残額《控除不足額》が生じるときは、次の①又は②のいずれか小さい金額を翌年分の個人住民税（所得割）で減額する。

①	その年分の住宅ローン控除額 − 所得税		
②	平成26年1月〜 3月		所得税の課税総所得金額等の額×5%（最高 97,500円）
	平成26年4月 〜令和3年12月	消費税率8%又は10%	所得税の課税総所得金額等の額×7%（最高136,500円）
		上記以外	所得税の課税総所得金額等の額×5%（最高 97,500円）
	令和4年〜令和7年	特例の延長等＊	所得税の課税総所得金額等の額×7%（最高136,500円）
		上記以外	所得税の課税総所得金額等の額×5%（最高 97,500円）

＊消費税率が10%かつ、注文住宅については令和2年10月から令和3年9月までの間に、分譲住宅等については令和2年12月から令和3年11月までの間に契約した場合

- この特例の適用を受ける場合には、16〜17ページに記載する手続をするだけでよく、別途、市町村への申告は不要。
- 令和7年に入居した場合(特例の延長等に該当しない場合)は、所得税の課税総所得金額等の5%(最大97,500円)の範囲内で控除する。

東日本大震災により被害を受けた方の特例

(1) 被害を受けたマイホームに係る住宅ローン控除の特例

　　住宅ローン控除の適用を受けていた者が、東日本大震災により甚大な被害を受け、そのマイホームに居住できなくなった場合は、そのマイホームに係る住宅ローン控除の残りの適用期間について、引き続き、住宅ローン控除を受けることができる。

(2) マイホームの再取得に係る住宅ローン控除の特例

　　東日本大震災により甚大な被害を受け、そのマイホームに居住できなくなった者が、新たにマイホームの取得等をした場合には、次表の控除率等を基に住宅ローン控除の適用を受けることができる。

●東日本大震災により被害を受けた方の特例

居　住　年		年末残高の限度額	控　除　率		期間
平成26年1月〜3月		3,000万円	1.2%		10年
平成26年4月〜令和元年9月		5,000万円	1.2%		10年
令和元年10月〜令和3年12月	①消費税率10%	5,000万円	1年目〜10年目	1.2%	13年
			11年目〜13年目	いずれか少ない額 ①1.2%で計算した額 ②住宅の税抜購入金額×2%÷3	
	② ①以外	5,000万円	1.2%		10年
令和4年	①特例特別特例取得 *1	5,000万円	1年目〜10年目	1.2%	13年
			11年目〜13年目	いずれか少ない額 ①1.2%で計算した額 ②住宅の税抜購入金額×2%÷3	
	②新築等*2	5,000万円	0.9%		13年
	③ ①・②以外	3,000万円	0.9%		10年
令和5年	①新築等*2	5,000万円	0.9%		13年
	② ①以外	3,000万円	0.9%		10年
令和6年〜令和7年	①新築等*2	4,500万円	0.9%		13年
	② ①以外	3,000万円			10年

*1　消費税率10%が適用される住宅の新築等で、新築(注文住宅)の場合には、令和2年10月から令和3年9月まで、分譲・中古住宅・増改築等の場合には、令和2年12月から令和3年11月までの期間内に契約が締結されているもの、かつ、床面積が40㎡以上50㎡未満の住宅の取得をいう。
*2　居住用家屋の新築等、買取再販住宅の取得、認定住宅等の新築等又は買取再販認定住宅等の取得に該当するもの。

- 上記(1)と(2)は重複適用が可能。この場合の控除額は、上記(1)と(2)のそれぞれで計算した控除額の合計額となる。

住宅ローン控除のケーススタディＱ＆Ａ

ケース１. 住宅ローン控除の適用開始

> 　令和4年11月に新築住宅を購入して、その際に住民票も移したが、実際に住み始めたのは、令和5年3月。この場合には、住宅ローン控除は何年から適用が受けられるか。

　A　　住宅ローン控除は、居住の用に供した年分から適用を受けることができるため、令和5年分から13年間にわたり適用を受けることになる。

　しかし、実際に入居した年の前年中に住民票の転入手続を済ませてしまっているような場合には、住民票に記載されている住所と実際に居住している住所が異なることになる。このような場合には、客観的に見て本人が居住の用に供していることが確認できる電気料金やガス料金等の領収書、運送会社の請求書（引越をした年月日の分かるもの）等と、本人の理由書などによって実際に居住の用に供した年月日を証明しなければならない。

ケース２. 敷地の先行購入に係る住宅借入金等の範囲

> 　住宅ローン控除の対象となる敷地を先行購入した場合の住宅借入金等の範囲は、どのようになるか。

　A　　家屋の新築の日前に購入したその家屋の敷地の購入に要する資金に充てるために借り入れた借入金又は購入の対価に係る債務で、適用対象となる住宅借入金等は、次のとおりである。

①　家屋の新築の日前2年以内にその家屋の敷地を購入した場合

R3.10.1　敷地の購入の日　　　　　　　　　　　　　　　　　　　　R5.8.1　新築の日
◀────────────── 2年以内 ──────────────▶

敷地の売主の範囲	種類	借入先又は債務の債権者
制限なし	借入金	金融機関、地方公共団体、貸金業者、国家公務員共済組合、地方公務員共済組合、国家公務員共済組合連合会、日本私立学校振興・共済事業団、農林漁業団体職員共済組合、エヌ・ティ・ティ厚生年金基金、公共福利厚生法人、給与所得者の使用者など
国家公務員共済組合、地方公務員共済組合、給与所得者の使用者	債務	敷地の売主

＊新築した家屋に金融機関の抵当権が設定されていることが必要。

②　家屋の新築の日前に3か月以内の建築条件付きでその家屋の敷地を購入した場合

R5.4.1　敷地の分譲　契約締結の日　　　　R5.6.1　新築工事請負　契約締結の日　　　　R5.8.1　新築の日
◀──────── 3か月以内 ────────▶

敷地の売主の範囲	種類	借入先又は債務の債権者
宅地建物取引業者	借入金	金融機関、地方公共団体、貸金業者、国家公務員共済組合、地方公務員共済組合、国家公務員共済組合連合会、日本私立学校振興・共済事業団、農林漁業団体職員共済組合、エヌ・ティ・ティ厚生年金基金、公共福利厚生法人、給与所得者の使用者など

③　家屋の新築の日前に一定期間内の建築条件付きでその家屋の敷地を購入した場合

```
R2.2.1                                              R5.8.1
敷地の購入の日                                        新築の日
◀─────────── 一定期間内（契約で定める期間）───────────▶
```

敷地の売主の範囲	種類	借入先又は債務の債権者
独立行政法人都市再生機構、 地方公共団体、 地方住宅供給公社、 土地開発公社	借入金	金融機関、地方公共団体、貸金業者、国家公務員共済組合、地方公務員共済組合、国家公務員共済組合連合会、日本私立学校振興・共済事業団、農林漁業団体職員共済組合、エヌ・ティ・ティ厚生年金基金、公共福利厚生法人、給与所得者の使用者など
	債務	敷地の売主

④　家屋の新築工事着工後に受領した借入金によりその家屋の敷地を購入した場合

```
R5.2.1          R5.5.1       R5.6.1      R5.7.1      R5.8.1
敷地の          新築工事請負   新築工事     融資の
購入の日         契約締結の日   着工の日     実行日       新築の日
```

敷地の売主の範囲	種類	借入先又は債務の債権者
制限なし	借入金	独立行政法人住宅金融支援機構、沖縄振興開発金融公庫、独立行政法人福祉医療機構、北方領土問題対策協会、国家公務員共済組合、地方公務員共済組合、給与所得者の使用者など

ケース3．自己資金による住宅建築

　将来、住宅を建築するためにローンでその敷地を取得していたが、今年、自己資金で住宅を建築することとした。このような場合には、住宅ローン控除の適用を受けることができるか。

A　住宅ローン控除の適用を、受けることはできない。
　住宅ローン控除制度は、家屋の新築や購入等の代金に充てるための借入れだけでなく、家屋とともに購入するその敷地の借入金も対象となるが、あくまでも住宅家屋の借入れを基本とする制度であるため、自己資金で住宅の建築をした場合など、その敷地の取得にかかる借入金のみでは控除の対象とはならない。

ケース4．住宅ローン控除の対象にならない社内融資

　住宅ローン控除の対象にならない社内融資とは？

A　適用対象となる住宅借入金等には、その住宅借入金等が無利息又は著しく低い金利である場合等、一定の場合のその住宅借入金等は含まれないものとされているが、具体的には、次のような場合をいう。
①　給与所得者が使用人等から、使用人である地位に基づいて貸付けを受けた借入金又は債務につき支払利息がない場合又はその支払利息の利率が年0.2％未満である場合（平成28年12月31日以前に居住の用に供する場合は、1％未満）
②　給与所得者が使用人等から、使用人である地位に基づいて住宅借入金等に係る利息のために支払を受けた金額が、その利息の額と同額の場合又はその利息の額から支払を受けた金額を控除した残額が利息であると仮定して計算した利率が年0.2％未満となる場合（平成28年12月31日以前に居住の用に供する場合は、1％未満）
③　給与所得者が使用者等から、使用人である地位に基づいて住宅を著しく低い価額（時価の2分の1未満）で譲り受けた場合

ケース5. 生計を一にする親族から住宅を購入した場合

> 　私の扶養親族となっている父から、父が現在住んでいる住宅を、自己資金と住宅ローンを利用して購入し、私たち夫婦と父が一緒に住もうと考えている。
> 　このような場合、父から購入した住宅でも、住宅ローン控除の対象になるか。

A　　住宅ローン控除の対象となる中古家屋の取得の要件として、その中古家屋を取得する時においてその取得をする者と生計を一にしており、その取得後においても引き続き生計を一にする次に掲げる者からの中古家屋の取得は、住宅ローン控除の対象とならないこととされている。

① 　その中古家屋を取得する者の親族

② 　その中古家屋を取得する者とまだ婚姻の届出をしていないが、事実上婚姻関係と同様の事情にある者

③ 　①と②に掲げる者以外の者でその中古家屋を取得する者から受ける金銭その他の資産によって生計を維持している者

④ 　①〜③までに掲げる者と生計を一にするこれらの者の親族

ケース6. 転勤後、再び居住の用に供した場合（家族と共に赴任先で生活するケース）

> 　令和2年7月に住宅を購入（消費税率10％）し、同年8月に入居して住宅ローン控除を受けてきたが、令和5年4月に転勤になり、家族とともに赴任先で生活することにした。赴任期間は2年間、この間は空き家とし、その後（令和7年4月以後）は家族とともにこの住宅に住むことになる。
> 　令和5年分以降について、住宅ローン控除を受けることができるか。

A　　住宅ローン控除を受けるための要件として、家屋を新築若しくは取得をした者又は自己の家屋に増改築等をした者が、その家屋又は増改築等をした部分にその新築の日若しくは取得の日又は増改築等の日から6か月以内に入居し、かつ、<u>この控除を受ける年の12月31日</u>（その者が死亡した日の属する年又は家屋が災害により居住することができなくなった日の属する年にあっては、これらの日）まで引き続き居住していることが必要とされているため、家族とともに赴任先で生活する場合、その年分以降は住宅ローン控除の適用を受けることはできない。

　ただし、住宅ローン控除の適用を受けていた者が、給与等の支払者から転任の命令その他これに準ずるやむを得ない事由により、その住宅に居住できなくなった後、再びその住宅に居住できるようになった場合には、再居住年（その住宅を賃貸の用に供していた場合には、再居住年の翌年）以後の各適用年（再び居住の用に供した日以後その年の12月31日まで引き続き居住の用に供している場合に限る）について、住宅ローン控除の再適用が認められる。

・住宅ローン控除の控除期間　　13年
・居住後4年目に転居、その2年後（6年目）に再入居 ｝ の場合

＊居住開始1年目の12月31日に居住していなかった場合でも、上記のケースと同様に、再入居年（6年目）以後、住宅ローン控除の適用を受けることができる。

ケース7. 転勤後、再び居住の用に供した場合（国内での転勤で、単身赴任のケース）

令和3年3月に住宅を購入し、令和3年6月に入居して住宅ローン控除を受けてきたが、令和5年4月に転勤になり、家族を残して単身赴任した。赴任期間は2年間で、その後（令和7年4月以後）は、家族とともにこの住宅に住むことになる。
令和5年分以降も、住宅ローン控除を受けることができるか。

A　転勤などのために、やむを得ず一時的に家族と別居する場合など、その家屋の所有者が、転勤、転地療養その他のやむを得ない事情により、配偶者、扶養親族その他その者と生計を一にする親族と日常の起居をともにしていない場合において、その新築の日若しくは取得の日又は増改築等の日から6か月以内に、その家屋にこれらの親族が入居し、その後も引続き居住しており、そのやむを得ない事情が解消した後は、その者がともにその家屋に居住することとなると認められる時には、その家屋の所有者が入居し、引き続いて居住しているものとして取り扱われる。

ケース8. 海外赴任中に住宅を購入した場合

私は、令和4年から2年間の予定で家族を日本に残し、単身赴任でアメリカに赴任している。令和5年5月に日本で住宅を購入し、妻・子供が取得後6か月以内に入居した。海外赴任終了後は私もこの住宅に住むことになるが、帰国し居住した年以降、住宅ローン控除の適用を受けることができるか。

A　海外赴任等で非居住者となっている期間中であっても、平成28年4月1日以後にマイホームの新築、取得、増改築等をした場合には、妻子がその家屋の取得等後6か月以内に入居するなど、ローン控除の要件を満たせば、住宅ローン控除を受けることができる。国内における不動産の貸付けなど他に申告すべき国内源泉所得がない場合は、本人が日本に帰国した年以降、住宅ローン控除を受けることができる。この場合の適用可能年数13年は、妻子が入居した年からの適用開始となる。
例えば、非居住者である期間が平成28年3月31日以前である場合において、その期間中に住宅を購入したときは、ローン控除の適用を受けることができない（帰国後も、ローン控除の適用を受けることはできない）。

ケース9. 融資実行が入居した年の翌年になる場合の取扱い

独立行政法人住宅金融支援機構からの借入金は、年内に入居し年内に金銭消費貸借契約を締結しても、事務の都合上、融資の実行が入居の翌年になる場合がある。この場合は、契約を締結した年の12月31日現在では借入金残高がないため、入居した初年分については、住宅ローン控除は受けられないか。

A　契約をした年の12月31日現在で借入金の残高があるものとみなして、入居した年から13年間住宅ローン控除の適用を受けることができる。

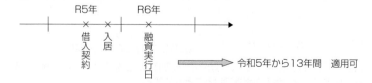

ケース10．連帯債務の場合

　私の住宅ローンは、妻との連帯債務となっているが、住宅ローン控除の対象となる借入金は、どうなるか。

A　連帯債務の場合は、当事者間で特約を定めた場合を除き、通常は享受する利益に応じて、その負担割合が決まるものとされていることから、その取得した住宅の持分に応じて、債務を負うことになる。

　したがって、住宅の持分が夫婦の共有の場合には、借入金も同じ割合で住宅ローン控除の対象となり、住宅の持分が単独所有の場合には、連帯債務であったとしても借入金の全額が住宅の所有者の住宅ローン控除の対象となる。

　一方、住宅の持分が夫婦の共有であったとしても、その住宅ローンが夫単独の借入れで、妻が連帯保証人の場合、妻には控除対象となる借入金はないため、住宅ローン控除の適用を受けることができるのは、夫のみとなる。

　なお、この場合、住宅ローン控除の対象となる借入金残高は、夫の持分に応じた家屋の取得価額が限度となる。

ケース11．連帯債務の場合（自己資金があるケース）

　私と妻は下記の割合で住宅取得資金を負担し合いながら、共有で住宅を取得した。借入れに関しては、銀行ローンで、連帯債務となっている。住宅ローン控除の計算は、どのようにしたらよいか。

	夫	妻	合計	（単位：万円）
自己資金	500	1,500	2,000	
借入金			4,000（借入金年末残高　3,840）	
合計			6,000	
登記持分	1／2	1／2		

A　連帯債務の場合は、その取得した住宅の持分に応じて、債務を負うことになる。
　6,000万円×1／2＝3,000万円
○夫　3,000万円−500万円＝2,500万円
　3,840万円×（2,500万円／4,000万円）＝2,400万円（夫の住宅借入金等の年末残高）
○妻　3,000万円−1,500万円＝1,500万円
　3,840万円×（1,500万円／4,000万円）＝1,440万円（妻の住宅借入金等の年末残高）

持分について
●単独で不動産を取得する場合、その登記名義人は、その単独取得者である。
●不動産を共有で取得する場合は、原則として、それぞれその資金の負担割合に応じて持分を登記することとなる。資金の負担割合とその不動産の登記割合が異なる場合は、その異なる割合相当額の経済的利益を受けたとして、贈与税の課税問題が生じることとなる。また、連帯債務による場合で、その割合に食違いがある場合には、資金負担者から過剰な持分登記をした者に対して、求償権が発生することとなる。

所得税額の特別控除

OUTLINE

● 認定住宅等を購入・新築した場合や、居住用家屋を増改築等(バリアフリー改修工事及び省エネ改修工事等を含む)をした場合、所得税が減税される。

● 購入・新築・増改築等の支払は、自己資金による方法でも適用される。

● 特例を受けるには、税務署に確定申告する必要がある。

認定住宅等の新築等をした場合の所得税額の特別控除

　平成26年4月1日から令和5年12月31日までの間に、認定住宅等*の新築又は建築後使用されたことのないものを取得し、その新築又は取得の日から6か月以内に居住の用に供した場合には、居住年分の所得税の額から下記の算式により計算した控除額を控除できる。さらに、居住年の所得税の額から控除しきれない金額がある場合には、翌年分の所得税の額から控除できる。

　＊認定住宅等とは、認定長期優良住宅、認定低炭素住宅及びZEH水準省エネ住宅の総称である。

【控除額】

> | 認定住宅等の認定基準に適合するために必要となる標準的な性能強化費用相当額 限度額650万円* | × | 10% | = | 控除額（最高控除額は65万円） |

● 標準的な性能強化費用相当額とは、構造の区分に関係なく45,300円に床面積を乗じて計算する(平成26年4月1日から令和元年12月31日までは、43,800円)。

＊住宅の対価の額又は費用の額に含まれる消費税等の税率が8%又は10%でない場合は、500万円が限度額となる。

【注意】

● ローン要件がないため、自己資金でも適用可能。

● 合計所得金額が3,000万円を超える場合には、適用しない。

● 「住宅ローン控除」との併用はできない。

● 居住年、居住年の前年又は前々年において、「居住用財産の税率軽減」、「居住用財産の3,000万円控除（相続等により取得した空き家に係る譲渡所得の特別控除の特例を除く）」の適用を受けている場合は、この特例の適用は受けられない。

● 居住年の翌年以後3年以内の各年中のいずれかに、特例対象となる認定住宅及びその敷地以外の住宅等（以前住んでいた住宅に住まなくなってから3年目の年末に至っていないものなど）を譲渡して、「居住用財産の税率軽減」、「居住用財産の3,000万円特別控除（相続等により取得した空き家に係る譲渡所得の特別控除の特例を除く）」の適用を受ける場合は、この特例の適用は受けられず、過去3年分の修正申告が必要。

【適用を受けるための手続】

　この適用を受けるためには、確定申告書に、控除を受ける金額について記載をし、控除に関する明細書及び以下の書類を添付して、入居した年の翌年2月16日から3月15日までに税務署に提出する。

　なお、居住年で控除しきれない金額につき、その翌年に控除を行うときは、その翌年の確定申告書に一定の書類を添付して申告する必要がある。

| 主な添付書類 | ● 長期優良住宅建築等計画の認定通知書の写し（認定住宅等であることを証する書類）
● 登記事項証明書など、家屋の床面積を明らかにする書類
● 請負契約書の写し（又は売買契約書の写し）など、新築等をした年月日及び消費税等の適用税率を明らかにする書類 |

バリアフリー改修工事の所得税額の特別控除

　平成26年4月1日から令和5年12月31日までの間に、一定の高齢者等が、マイホーム（所有家屋）のバリアフリー改修工事を行い、改修工事等の日から6か月以内にそのマイホームを居住の用に供した場合には、居住年分の所得税の額から下記の算式により計算した控除額を控除できる。

控除額 （最高限度額は、60万円）

次のイ及びロの合計額（令和3年12月31日以前に居住の用に供した場合には、イのみ）

イ．必須工事

バリアフリー改修工事の標準的な費用の額（補助金等の額を除く）限度額200万円＊	×	10%	=	控除額（最高控除額は20万円）

　●改修工事の標準的な費用の額が50万円を超えるものに限られる。

ロ．必須工事の対象工事限度額超過分及びその他のリフォーム

バリアフリー改修工事の標準的な費用相当額と同額まで	×	5%	=	控除額（最高控除額は40万円）

　●最大対象工事限度額は必須工事と併せて合計1,000万円が限度。

　＊バリアフリー改修工事に要した費用の額に含まれる消費税等の税率が8%又は10%でない場合は、150万円が限度額となる。

注意
- ●ローンの要件がないため、自己資金でも適用可能。
- ●合計所得金額が3,000万円を超える場合には、適用しない。
- ●「住宅ローン控除」との併用はできない。
- ●平成29年1月1日以後に居住の用に供した場合において、前年以前3年内に、この税額控除を適用したときは、原則として、適用することはできない。

適用要件

項　目	要　件
適用対象者	次のいずれかに該当する者 ① 年齢50歳以上の者、② 介護保険法の要介護認定又は要支援認定を受けている者、③ 所得税法上の障害者である者、④ ②若しくは③に該当する者又は年齢65歳以上の者である親族のいずれかと同居をする者
バリアフリー改修工事	次に掲げる一定の証明がされた工事で工事費用（補助金等の額を除く）が50万円を超えるもの ①廊下幅の拡幅　②手すりの設置　③階段の勾配の緩和　④屋内段差の解消 ⑤浴室改良　⑥引き戸への取替工事　⑦便所改良　⑧床表面の滑り止め化
工事をした家屋の要件	●工事をした家屋で床面積が50㎡以上であるもの ●その者が主として居住の用に供すると認められるもの ●工事に自己の居住用以外の部分がある場合は、居住用部分の工事費が全体の2分の1以上であるもの

適用を受けるための手続

　この適用を受けるためには、確定申告書に、控除を受ける金額について記載をし、控除に関する明細書及び以下の書類を添付して、入居した年の翌年2月16日から3月15日までに税務署に提出する。

主な添付書類	●指定確認検査機関、建築士事務所所属建築士、登録住宅性能評価機構の発行する増改築等工事証明書 ●工事請負契約書の写しなど、改修をした年月日及び消費税等の適用税率を明らかにする書類 ●補助金等、改修費の額を証する書類 ●登記事項証明書など、改修工事をした家屋の床面積を明らかにする書類 ●介護保険の被保険者の写しなど、この特例の適用対象者であることを明らかにする書類

省エネ改修工事の所得税額の特別控除

　平成26年4月1日から令和5年12月31日までの間に、マイホーム（所有家屋）の一般省エネ改修工事（太陽光発電装置などを同時に設置する場合のその設置費用を含む）を行い、改修工事等の日から6か月以内にそのマイホームを居住の用に供した場合には、居住年分の所得税の額から下記の算式により計算した控除額を控除できる。

控除額 （最高限度額は62万5千円、一定の場合には67万5千円）

　次のイ及びロの合計額（令和3年12月31日以前に居住の用に供した場合には、イのみ）

イ．必須工事

| 一般省エネ改修工事の標準的な費用の額（補助金等の額を除く）
限度額250万円
＊令和3年12月31日以前に居住の用に供した場合において、一般省エネ改修工事に要した費用の額に含まれる消費税等の税率が8％又は10％でないときは、200万円（太陽光発電設備の設置費用を含む場合は350万円） | × | 10% | ＝ | 控除額 |

●一般省エネ改修工事に係る標準的な費用の額が50万円を超えるものに限られる。

ロ．必須工事の対象工事限度額超過分及びその他のリフォーム

| 一般省エネ改修工事の標準的な費用相当額と同額まで | × | 5% | ＝ | 控除額（最高控除額は37万5千円）
（太陽光発電設備の設置費用を含む場合は32万5千円） |

●最大対象工事限度額は必須工事と併せて合計1,000万円が限度。

適用要件

以下の要件を満たす工事で、工事に要した費用（補助金等の額を除く）が50万円を超えるもの

| ① 居室の窓の改修工事
又は
② 居室の窓の改修工事＋ | 床の断熱工事
天井の断熱工事
壁の断熱工事
太陽熱利用冷温熱装置・太陽光
発電装置設置工事 | ●改修部分の省エネ性能がいずれも平成28年基準相当以上になるもの
●太陽熱利用冷温熱装置・太陽光発電装置設置工事については、一定の基準を満たすもの |

　＊令和3年12月31日以前に居住の用に供する場合には、断熱等性能等級などの要件がある。

注意
●ローン要件がないため、自己資金でも適用可能。
●「住宅ローン控除」との併用はできない。
●その者が主として居住の用に供すると認められるもの
●合計所得金額が3,000万円を超える場合には、適用しない。
●一般省エネ改修工事と併せて行った、一定の耐久性向上改修工事（平成29年4月1日から令和5年12月31日までの間に自己の居住の用に供するもの。）も適用対象となる。
●平成29年4月1日以後に居住の用に供した場合において、前年以前3年内に、この税額控除を適用したときは、原則として、適用することはできない。

適用を受けるための手続

　この適用を受けるためには、確定申告書に、控除を受ける金額について記載をし、控除に関する明細書及び以下の書類を添付して、入居した年の翌年2月16日から3月15日までに税務署に提出する。

| 主な添付書類 | ●指定確認検査機関、建築士事務所所属建築士、登録住宅性能評価機構の発行する増改築等工事証明書
●工事請負契約書の写しなど、改修をした年月日及び消費税等の適用税率を明らかにする書類
●補助金等、改修費の額を証する書類
●登記事項証明書など、改修工事をした家屋の床面積を明らかにする書類 |

多世帯同居改修工事の所得税額の特別控除

平成28年4月1日から令和5年12月31日までの間に、マイホーム（所有家屋）の多世帯同居改修工事を行い、改修工事の日から6か月以内にそのマイホームを居住の用に供した場合には、居住年分の所得税の額から下記の算式により計算した控除額を控除できる。

控除額（最高限度額は62万5千円）

次のイ及びロの合計額（令和3年12月31日以前に居住の用に供した場合には、イのみ）

> **イ．必須工事**
>
> | 多世帯同居改修工事の標準的な
費用の額（補助金等の額を除く）
限度額250万円 | × | 10% | = | 控除額（最高控除額は25万円） |
> |---|---|---|---|---|
>
> ●改修工事の標準的な費用の額が50万円を超えるものに限られる。
>
> **ロ．必須工事の対象工事限度額超過分及びその他のリフォーム**
>
> | 多世帯同居改修工事の標準的な
費用相当額と同額まで | × | 5% | = | 控除額（最高控除額は37万5千円） |
> |---|---|---|---|---|
>
> ●最大対象工事限度額は必須工事と併せて合計1,000万円が限度。

注意
- ●ローンの要件がないため、自己資金でも適用可能。
- ●「住宅ローン控除」との併用はできない。
- ●合計所得金額が3,000万円を超える場合には、適用しない。
- ●平成28年4月1日以後に居住の用に供した場合において、前年以前3年内に、この税額控除を適用したときは、原則として、適用することはできない。

適用要件

項　目	要　件
多世帯同居 改修工事	次のいずれかに該当する工事（改修後次の①から④までのいずれか2室以上が複数となるものに限る）で工事費用（補助金等の額を除く）が50万円を超えるもの ①調理室を増設する工事 ②浴室を増設する工事 ③便所を増設する工事 ④玄関を増設する工事
工事をした 家屋の要件	●工事をした家屋で床面積が50㎡以上であるもの ●その者が主として居住の用に供すると認められるもの ●工事に自己の居住用以外の部分がある場合は、居住用部分の工事費が全体の2分の1以上であるもの

適用を受けるための手続

この適用を受けるためには、確定申告書に、控除を受ける金額について記載をし、控除に関する明細書及び以下の書類を添付して、入居した年の翌年2月16日から3月15日までに税務署に提出する。

主な添付書類	●指定確認検査機関、建築士事務所所属建築士、登録住宅性能評価機構の発行する増改築等工事証明書 ●工事請負契約書の写しなど、増改築等に要した費用の額及び増改築等をした年月日を明らかにする書類 ●補助金等の額を証する書類 ●登記事項証明書など、改修工事をした家屋の床面積を明らかにする書類

耐震改修工事の所得税額の特別控除

　平成26年4月1日から令和5年12月31日までの間に、マイホーム(所有家屋)の耐震改修を行い、そのマイホームを居住の用に供した場合には、耐震改修工事をした年分の所得税の額から下記の算式により計算した控除額を控除できる。

控除額 （最高限度額は62万5千円）

　次のイ及びロの合計額（令和3年12月31日以前に住宅耐震改修等をした場合において、この特別控除と住宅ローン控除の両方の適用を受けるときは、イのみ）

イ．必須工事

| 住宅耐震改修に係る耐震工事の標準的な費用の額として一定の金額（補助金等の額を除く）限度額250万円＊ | × | 10% | = | 控除額（最高控除額は25万円） |

ロ．必須工事の対象工事限度額超過分及びその他のリフォーム

| 住宅耐震改修に係る耐震工事の標準的な費用相当額と同額まで | × | 5% | = | 控除額（最高控除額は37万5千円） |

●最大対象工事限度額は必須工事と併せて合計1,000万円が限度。

＊耐震改修に要した費用の額に含まれる消費税等の税率が8％又は10％でない場合は、200万円が限度額となる。

適用要件

項　目	要　件
耐震改修	昭和56年6月1日施行の耐震基準に適合させるための耐震改修
工事をした家屋の要件	●昭和56年5月31日以前に建築された家屋 ●その者が主として居住の用に供すると認められるもの

注意
●ローン要件がないため、自己資金でも適用可能。
●住宅ローン控除との併用可能。
●合計所得金額が3,000万円超でも、適用を受けることが可能（ロの控除の適用を受ける場合には、3,000万円以下）。
●耐震改修工事と併せて行った、一定の耐久性向上改修工事（平成29年4月1日から令和5年12月31日までの間に自己の居住の用に供するもの）も適用対象となる。

適用を受けるための手続

　この適用を受けるためには、確定申告書に、控除を受ける金額について記載をし、控除に関する明細書及び以下の書類を添付して、入居した年の翌年2月16日から3月15日までに税務署に提出する。

| 主な添付書類 | ●請負契約書の写し
●補助金等の額を明らかにする書類
●「住宅耐震改修証明書」
●住宅耐震改修をした家屋であること、住宅耐震改修に要した費用の額、住宅耐震改修に係る耐震工事の標準的な費用の額、住宅耐震改修をした年月日及び消費税等の適用税率を明らかにする書類
●家屋の登記事項証明書など（昭和56年5月31日以前に建築された家屋であることを明らかにする書類） |

固定資産税

OUTLINE

- 土地、家屋、償却資産（これらを固定資産という）に毎年かけられる市町村税。
- 毎年1月1日現在、市町村の固定資産課税台帳に所有者として登録されている人にかかる。
- 土地・家屋の固定資産税評価額は、3年に1度評価替えされる（令和3年度・令和6年度は評価替えの年度）。
- 一定の住宅用地と新築家屋等には課税標準の特例、軽減措置等が設けられている。
- 納税は、毎年、市町村長から送付される納税通知書に従い、一括払い又は年4回に分けて行う。（年4回の納期は、原則として4月、7月、12月、2月とされているが、自治体や年度によって異なることがある）

税率

課税標準額×1.4%（標準税率）

 注意

- 税率は自治体により異なることがある。

課税標準

- 固定資産税の税額を算出する基準は、原則として、その資産の固定資産税評価額。この評価額は3年ごとに（償却資産は毎年）見直される。ただし、土地の地目の変更や家屋の新築又は増改築その他一定の事由が生じた場合は、その年度において評価額を見直す。また、一定の住宅用地については、課税標準の特例や負担調整措置が設けられ、評価額がそのまま課税標準額にならない場合がある。

固定資産税の免税点

- 同一の市町村内に所有する固定資産の課税標準額の合計が右の場合、固定資産税はかからない。

```
土地……………30万円未満
家屋……………20万円未満
償却資産……150万円未満
```

納税義務者

- 毎年1月1日現在で、固定資産を所有している人が納税義務者となる。ここで所有しているというのは、土地登記簿、家屋登記簿、償却資産課税台帳等に所有者として登録されている人をいう。
- 売買等によって実際の所有者が変わっていても、登記簿等の名義変更手続が1月1日現在において済んでいない場合、前の所有者が納税義務者となる。

情報公開制度

土地・家屋の評価額等の決定と公示

- 土地・家屋の評価額等は、毎年3月31日（決定期限）までに決定され、公示される。

固定資産課税台帳の閲覧及び土地価格等縦覧帳簿・家屋価格等縦覧帳簿の縦覧

- 納税義務者、借地人・借家人等、固定資産の管理処分権を有する一定の者は、新年度の価格等の公示日以降であれば、いつでも固定資産課税台帳記載事項の閲覧と証明書の交付を受けることができる。
- 土地又は家屋の固定資産税の納税者は、自己の所有する土地・家屋の評価額を、その土地・家屋の所在する市町村内の他の土地・家屋の評価額と比較することができるよう、それぞれ次に掲げる事項を記載した土地ごと家屋ごとに作成された土地価格等縦覧帳簿及び家屋価格等縦覧帳簿を縦覧することができる。

縦覧できる人	縦覧できる帳簿名	帳簿に記載されている事項
土地に対する固定資産税の納税者	土地価格等縦覧帳簿	所在、地番、地目、地積、価格
家屋に対する固定資産税の納税者	家屋価格等縦覧帳簿	所在、家屋番号、種類、構造、床面積、価格

注意

- 土地又は家屋に対する固定資産税の納税者であっても、他の市町村の縦覧帳簿を見ることはできない。

●**縦覧期間**　毎年、4月1日から、①4月20日又は②その年度の最初の納期限の日のうち、いずれか遅い日以後の日までの間、縦覧帳簿を見ることができる。

審査の申出と審査請求

●**審査申出**　固定資産課税台帳に登録された価格について不服がある場合は、価格等の公示日から納税通知書の交付を受けた日後3か月までの間に、固定資産評価審査委員会に審査の申出をすることができる。

　　ただし、評価替えを行う年度以外の年度については、地目の変換、家屋の改築又は損壊など特別の事情がある場合に限られる。

●**審査請求**　固定資産課税台帳に登録された価格以外の事項について不服（納税義務者の認定や課税標準の特例の適用等）がある場合は、納税通知書の交付を受けた日（処分があったことを知った日）から3か月までの間に、市町村長に対して審査請求を行うことができる。

宅地等についての特例

(1) 住宅用地に対する課税標準の特例

次のように算出した額を課税標準とする。

200㎡までの小規模住宅用地の部分……評価額×1／6
200㎡を超える一般住宅用地の部分……評価額×1／3

特例に該当する土地とは？

●住宅用地とは、現に人の居住する家屋の敷地のことであり、建築予定の土地は該当しない。なお、家屋の床面積の10倍の面積を限度とする。

●併用住宅の場合、敷地全体の面積のうち、住宅に係る居住部分の割合に応じて下記の率を乗じた面積が住宅用地の特例の対象となる。

家屋	居住部分の割合	率
地上階数5以上を有する耐火建築物である家屋	4分の1以上2分の1未満	0.5
	2分の1以上4分の3未満	0.75
	4分の3以上	1.0
上記以外	4分の1以上2分の1未満	0.5
	2分の1以上	1.0

●アパートなどの場合、200㎡に部屋数を乗じた面積が小規模住宅用地の限度面積とされる。

●空家等対策の促進に関する特別措置法に基づく必要な措置の勧告の対象となった特定空家等に該当する土地については、この特例の適用対象外となる。

(2) 宅地に係る固定資産税の負担調整措置

① 令和3年度から令和5年度までの商業地等の宅地の負担調整措置

　　商業地等の宅地のうち、負担水準の区分が70％を超えるものは、その年度の評価額の70％相当額を課税標準として計算した額、60％以上70％以下のものは一律前年度の税額を据え置き、60％未満のものは、原則、前年度の課税標準額にその年度の評価額の5％*を加えた額を課税標準額とする。

負担水準の区分		課税標準額
①	70％を超える場合	その年度の評価額×70％
②	60％以上70％以下の場合	前年度の課税標準額（据置き）
③	60％未満の場合	前年度の課税標準額＋その年度の評価額×5％* ただし、{・「上記の額＞60％」の場合は、60％を上限　・「上記の額＜20％」の場合は、20％を下限

＊商業地等に係る令和4年度分の固定資産税については、2.5％。

$$\frac{商業地等の}{負担水準} = \frac{前年度の課税標準額}{当該年度の評価額} \times 100\%$$

＊都市部の税負担を考慮し、自治体が条例により、課税標準の上限を評価額の60%から70%の範囲内で減額できることとなっている。

② 令和3年度から令和5年度までの住宅用地の負担調整措置

負担水準の区分	課税標準額
(イ) 100%以上の場合	本則課税標準額（その年度の評価額×1/6（又は1/3））
(ロ) 100%未満の場合	課税標準額 前年度の課税標準額＋ 本則課税標準額[その年度の評価額×1/6（又は1/3）] ×5% ただし、・「課税標準額＞本則課税標準額×100%」の場合 →本則課税標準額×100%を上限 ・「課税標準額＜本則課税標準額×20%」の場合 →本則課税標準額×20%を下限

③ その他の調整措置

(イ)固定資産税の評価額は、地方税法上、基準年度（令和3年度が該当）の価格を3年間据え置くことになっているが、令和4年度及び令和5年度においてさらに地価の下落傾向がみられる場合は、価格に修正を加える特例措置が設けられている。

(ロ)令和3年度から令和5年度までの商業地等及び住宅用地に係る固定資産税について、令和3年度から令和5年度までの税額が、前年度税額に条例で定められている1.1以上（令和3年は1.0以上）の割合を乗じて得た額を超える場合には、その超える額を減額することができる措置が設けられている。

(ハ)令和3年度限りの措置として、次の措置が講じられる。
　　・宅地等（商業地等は負担水準が60%未満の土地に限り、商業地等以外の宅地等は負担水準が100%未満の土地に限られる。）及び農地（負担水準が100%未満の土地に限る。）については、令和3年度の課税標準額を令和2年度の課税標準額と同額とされる。
　　・令和2年度において条例減額制度の適用を受けた土地について、所要の措置が講じられる。

新築住宅等についての特例

新築住宅に対する税額の軽減

●次表の条件を満たす新築家屋については、家屋に係る税額が軽減される。

軽減額	●120㎡以下の部分に対応する税額×2分の1
軽減期間	●3年間（構造及び階数に対する要件なし） ●5年間（耐火構造・準耐火構造等で地上3階以上のもの）
条件	●家屋の総床面積の2分の1以上が居住用であること ●居住用部分の床面積が50㎡以上280㎡以下であること （賃貸住宅の場合は、各室が40㎡以上280㎡以下）

＊令和4年4月1日から令和6年3月31日までに新築されたものに適用される。

●平成21年6月4日から令和6年3月31日までの間に一定の基準に適合する認定長期優良住宅を新築した場合は、軽減期間が一般住宅よりも拡充される。
　・中高層耐火建築物以外：3年間→5年間
　・中高層耐火建築物　　　：5年間→7年間
ただし、認定長期優良住宅を新築した年の翌年1月31日までに一定の書類を添付して申告を行う必要がある。

特定市街化区域農地に新築した中高層耐火建築物である貸家住宅の税額の軽減

　平成4年1月1日から平成30年3月31日までの間に、特定市街化区域農地の所有者等が、その農地の転用の届出後に、基盤整備を伴ってその土地の上に地上階数3以上の耐火構造又は準耐火構造である貸家住宅で、次に掲げるものを新築し、貸家の用に供している場合は、貸家部分の固定資産税額のうち、1戸（各独立部分）当たり床面積100㎡までの部分の税額が、次のように減額される。

●平成24年4月1日〜平成27年3月31日に新築し、貸家の用に供した場合

建物の構造	減額期間	減額割合
地上階数3以上のもの	当初3年間	3分の2を減額
	その後2年間	2分の1を減額

●平成27年4月1日〜平成30年3月31日に新築し、貸家の用に供した場合

建物の構造	減額期間	減額割合
地上階数3以上のもの	当初2年間	3分の2を減額
	その後3年間	2分の1を減額

＊地上階数2以下の場合は、新築住宅に対する税額の軽減が適用される。

【貸家住宅の要件】
　　①総床面積の50%以上が住居として貸家の用に供されていること
　　②床面積が60㎡以上200㎡以下（共同住宅等は、各独立部分ごとに50㎡以上200㎡以下）であること

新築貸家住宅の敷地の用に供する旧特定市街化区域農地の税額の軽減

　平成12年1月1日から平成30年3月31日までの間に、特定市街化区域農地の所有者等が、その農地の転用の届出後に、一定の貸家住宅〔床面積が60㎡（戸建以外は50㎡）以上200㎡以下であり、かつ、居住用部分の割合が2分の1以上であるもの〕を新築し、貸家の用に供している場合（その敷地について良好な居住環境の整備のための公共施設の整備が行われたものであることにつき市長の認定を受けた場合に限る）には、新築の日の区分に応じ、その敷地にかかる当初3年度分の固定資産税額が、次のように減額される。

●平成27年4月1日から令和2年3月31日までの新築分　12分の1を減額

サービス付き高齢者向け賃貸住宅の税額の軽減

　平成23年10月20日から令和7年3月31日までに新築された高齢者の居住の安定確保に関する法律に規定するサービス付き高齢者向け賃貸住宅で、1戸あたりの床面積が30㎡以上160㎡以下（R5.3.31までは180㎡以下、R3.3.31までは210㎡以下、H29.3.31までは280㎡以下）、住宅戸数が10戸以上（H29.3.31までは5戸以上）であるものについては、新築後5年度間に限り、その住宅（120㎡までの部分に限る）の固定資産税額が次のように減額される。

　①　平成23年10月20日から平成27年3月31日までの新築分　3分の2を減額
　②　平成27年4月1日から令和7年3月31日までの新築分　　市町村が定める割合を減額

住宅耐震改修に伴う税額の軽減

　平成18年1月1日から令和6年3月31日までの間に、住宅（昭和57年1月1日以前から存していた家屋）について一定の耐震改修工事（一戸当たりの工事費が50万円超のもの）を施した場合には、その工事完了時期に応じて、改修工事完了年の翌年度分の固定資産税額から、最大3年間にわたり、固定資産税額の2分の1が減額される。

工事完了期間	減額期間	減額割合
平成21年12月31日まで	3年度分	2分の1を減額
平成24年12月31日まで	2年度分	
令和6年3月31日まで	1年度分（＊1）	

＊1通行障害既存耐震不適格建築物に該当するものについては、2年度分にわたり、減額が可能。

＊2減額の対象は、一戸当たり120㎡相当分までに限られる。

＊3長期優良住宅の認定を受けて改修された場合には、工事完了翌年分度分に限り3分の2を減額。

注意　●耐震基準適合住宅の耐震改修工事が完了した日から3か月以内に申告書の提出が必要。

バリアフリー改修工事に伴う税額の軽減

　平成19年4月1日から令和6年3月31日までの間に、新築された日から10年以上経過した住宅のうち、一定の者が居住するもの（賃貸住宅を除く）について、バリアフリー改修工事を行い、その改修工事に要した費用から補助金等をもって充てる部分を除いた費用が50万円超の場合、その家屋の翌年度分の固定資産税（100㎡相当分までが限度）は、改修工事が完了した年の翌年度分に限り、3分の1減額される。

- ●「一定の者」とは、①65歳以上の者、②要介護又は要支援の認定を受けている者、③障害者である者をいう。
- ●バリアフリー改修工事が完了した日から3か月以内に申告書の提出が必要。

省エネ改修を行った住宅の税額の軽減

　令和4年4月1日から令和6年3月31日までの間に、平成26年4月1日に存する住宅（賃貸住宅を除く）について省エネ改修工事を行った場合、その家屋の翌年度分の固定資産税（120㎡相当分までが限度）は、改修工事が完了した年の翌年度分に限り、3分の1減額される。

●対象となる省エネ改修工事

（1）改修後の床面積が50㎡以上280㎡以下となる次の省エネ改修工事
　①居室の全ての窓の改修工事
　又は
　②居室の全ての窓の改修工事＋｛床の断熱工事／天井の断熱工事／壁の断熱工事｝
（2）改修工事に要した費用が次のいずれかに該当すること（補助金等を除く）
　①断熱改修に係る工事費が60万円超
　②断熱改修に係る工事費が50万円超であって、太陽光発電装置、高効率空調機、高効率給湯器、太陽熱利用システムの設置に係る工事費とあわせて60万円超

- ●居住部分の割合がその家屋の2分の1以上であること（賃貸部分を除く）
- ●改修工事完了後、3か月以内に一定の書類を添付した申告書の提出が必要。
- ●この税額の軽減の適用を受けるには、上記申告書に登録住宅性能評価機関、指定確認検査機関又は建築士事務所に所属する建築士の発行する証明書の添付が必要。
- ●他の税額の軽減規定（31～32ページ）との併用はできないが、「バリアフリー改修工事に伴う税額の軽減」規定（33ページ）との併用は可。
- ●長期優良住宅の認定を受けて改修された場合には工事完了翌年度分に限り3分の2が減額される。

タワーマンションに係る固定資産税の課税方法

　高さが60m超のタワーマンションの固定資産税については、不動産取得税（11ページ）と同様に、全体に係る固定資産税を「階層別占有床面積補正率」により補正する方法により課税される。（平成30年度から課税されることになったタワーマンションについて適用される。ただし、平成29年4月1日前に売買契約が締結されたものを除く。）

　なお、上記にかかわらず、居住用超高層建築物の区分所有者全員による申出（階層別専有床面積補正率を用いないこととする申出を含む。）があった場合には、当該申し出た割合により当該居住用超高層建築物に係る固定資産税額を按分することができる。

所有者不明土地等に係る固定資産税の課税

　過疎化と高齢化に伴い増加する所有者不明土地等について、次の**（1）**又は**（2）**に該当する者を所有者とみなして、令和3年度以後の年度分について固定資産税が課税される。

（1）現に所有している者（相続人等）に対する課税

　　所有者として登記又は登録がされている個人が賦課期日前に死亡している場合は、土地又は家屋を現に所有している者に対して、当該市町村の条例で定めるところにより、現所有者の住所及び氏名その他固定資産税の賦課徴収に必要な事項を申告させることができる。

（2）使用者を所有者とみなして課税

　　市町村が、政令で定める方法により調査を尽くしても固定資産の所有者の存在が不明である場合には、事前に使用者に対し通知したうえで、その使用者を所有者とみなして、固定資産課税台帳に登録し、その使用者に固定資産税が課税される。

都市計画税

OUTLINE

- ●都市計画事業や土地区画整理事業にかかる費用の一部に充当するため、市町村が課す地方税。
- ●市街化区域内の土地・家屋が課税対象。
- ●税額を算出するには、固定資産税評価額を基準とする。
- ●固定資産税と一緒に納税通知書が送付され、固定資産税と併せて納付する。

注意　●固定資産税が免税点未満の場合、都市計画税も課税されない。

税率

課税標準額×0.3%（制限税率）

注意　●0.3%を上限として、各市町村が条例で税率を決めるため、自治体により異なる場合がある。

課税標準

- ●固定資産税評価額が課税標準額となる。
- ●土地については固定資産税と同じく『負担調整措置』があり、調整後の額が課税標準額となる。
- ●建物について、固定資産税と同様の軽減措置をとっている自治体もある。

宅地等についての特例

（1）住宅用地に対する課税標準の特例：住宅用地については、次の額を課税標準とする。

> ●200㎡までの小規模住宅用地の部分……評価額×1／3
> ●200㎡を超える一般住宅用地の部分……評価額×2／3

（2）土地に係る都市計画税の負担調整措置：固定資産税と同じ。

譲渡所得

OUTLINE

●土地や家屋などを譲渡して得られる利益（いわゆる値上がり益）を譲渡所得という。

●個人が不動産を譲渡した場合、その所得と他の所得を分離して所得税と住民税が課税される。

●税額を計算するには、収入金額そのものではなく、取得費や譲渡費用等を差し引いた残り（譲渡益）が基準となる。

●譲渡内容により各種軽減措置がある。

　イ）居住用財産の3,000万円特別控除

　ロ）居住用財産の軽減税率

　ハ）特定の居住用財産の買換えの特例

 総合課税方式と分離課税方式

　　税額の計算は、原則として1年間の各種所得を合計して所得税・住民税がかけられる総合課税方式だが、不動産の譲渡は、他の所得と分離して課税する「分離課税方式」となる。

非課税

(1) 強制換価手続等により資産を譲渡した場合

　資力を喪失して債務を弁済することが著しく困難である場合における強制換価手続等による資産の譲渡による所得は課税されない。

(2) 相続財産の物納をした場合

　個人がその財産を物納の許可を受けて物納した場合には、その財産の譲渡はなかったものとみなされ、その譲渡による所得は課税されない。

(3) 国等に対して資産を寄附した場合

課税対象となる金額

●所得税・住民税は、土地・家屋等を譲渡した収入金額から取得費や譲渡するためにかかった費用、所得控除額の控除不足額、特別控除額を差し引いた残りに課税される。

取得費

取得費は、次の算式で求める。

$$\left\{ \begin{array}{l} \text{その資産の取得} \\ \text{に要した金額} \end{array} \right\} + \left\{ \begin{array}{l} \text{設備費} \\ \text{改良費} \end{array} \right\} - \left\{ \begin{array}{l} \text{家屋等減価する資産の} \\ \text{ときは、償却費相当額} \end{array} \right\} = \boxed{\text{取得費}}$$

　＊取得に要した金額：資産を取得したときの購入代金や製作原価に、その資産を取得するために直接要した費用などを加えた金額をいう。

　①　購入の場合：購入代金のほか、買入手数料、購入にあたり支払った立退料、契約書の印紙税、登録免許税、登録に要する費用、不動産取得税、宅地造成費用などその資産の購入のために要した費用及びその資産を使用するために直接要した費用の金額の合計額（ただし、業務用資産の登録免許税、不動産取得税等のうちその業務の必要経費に算入した金額を除く）

　②　自己の建設・製作又は製造の場合：建設等のために要した原材料費、労務費及び経費、業務の用に供するために直接要した費用の額

　③　宅地造成費用：埋立て、地盛り、地ならし、切土、防壁、その他の土地の造成又は改良のために要した費用

④　土地等とともに取得しておおむね1年以内に取り壊した建物等の取壊費用等
⑤　資産の取得資金を借り入れるための費用；抵当権設定費用、公正証書作成費用等
＊設備費：資産を取得した後で付加した設備の費用をいう。
＊改良費：資産を取得した後で加えた改良の費用で通常の修繕費以外のものをいう。
＊償却費相当額の計算
〔譲渡資産が業務の用に供されていた期間の減価の額〕
　　　譲渡時までの減価償却費の累計額（減価償却費の計算方法は、84ページ参照）
【譲渡資産が業務の用に供されていなかった期間の減価の額】

$$\begin{pmatrix} 取得価額 \\ 設備費 \\ 改良費 \end{pmatrix} \times 90\% \times \begin{pmatrix} 譲渡資産の耐用年数の \\ 1.5倍の年数に対応す \\ る旧定額法の償却率 \end{pmatrix} \times 経過年数（取得価額×95\%が限度）$$

＊譲渡資産の耐用年数の1.5倍の年数に対応する償却率（住宅用）

区分	木造	木骨モルタル	(鉄筋) 鉄骨コンクリート	金属造①	金属造②	金属造③	れんが、石ブロック造
償却率	0.031	0.034	0.015	0.036	0.025	0.020	0.018

（注）「金属造①」軽量鉄骨造のうち骨格材の肉厚が3mm以下の建物
　　　「金属造②」軽量鉄骨造のうち骨格材の肉厚が3mm超4mm以下の建物
　　　「金属造③」軽量鉄骨造のうち骨格材の肉厚が4mm超の建物
＊経過年数に1年未満の端数がでたときは、6か月未満の端数は切り捨てて計算する。

一口メモ

相続、遺贈、贈与で資産を取得した場合の取得費
被相続人や遺贈者、贈与者の取得時期・取得価額を引き継ぐ。また、相続等の際の名義を変更するための費用（登記費用や不動産取得税）も取得費に含めることができる。

相続により取得した資産を譲渡した場合の取得費加算
相続財産を相続税の申告期限の翌日から3年以内に譲渡した場合、次の算式で計算した金額を取得費に加算することができる（この加算前の譲渡益を限度とする）。
なお、代償分割により代償金を支払っている場合は一定の調整がある。

$$その者の相続税額 \times \frac{譲渡した資産に係る課税価格}{相続税額に係る課税価格（債務控除前）}$$

取得費が不明の場合
取得費が不明の場合、収入金額の5%を概算取得費とすることができる。

取得価額が不明な場合　【建物と土地を一括で購入している場合の建物の取得価額】
①　購入時の契約において建物と土地の価額が区分されている場合には、その価額による。なお、契約書等に区分された建物の価額が記載されていない場合でも、その建物に課税された消費税額が区分されているときには、次の算式により「建物の取得価額」を計算することができる（土地に対しては、消費税は課税されないため）。

$$\begin{pmatrix} その建物の \\ 消費税額 \end{pmatrix} \times \frac{1+消費税の税率}{消費税の税率}$$

消費税の税率	令和元年10月1日以降	10%(0.10)
	平成26年4月1日から令和元年9月30日まで	8%(0.08)
	平成9年4月1日から平成26年3月31日まで	5%(0.05)
	平成元年4月1日から平成9年3月31日まで	3%(0.03)

② 購入時の契約において建物と土地の価額が区分されていない場合には、建物と土地
の購入時の時価の割合で区分するが、建物の標準的な建築価額（90ページ）を基に、
次の方法により、「建物の取得価額」を計算しても差し支えない。
　イ　新築の建物を購入している場合

$$\boxed{\begin{array}{c}\text{売却した建物の建築年に対応}\\\text{する建物の標準的な建築価額}\end{array}} \times \boxed{\begin{array}{c}\text{その建物の床面積}\\\text{（延床面積）}\end{array}} = \boxed{\begin{array}{c}\text{建 物 の}\\\text{取得価額}\end{array}}$$

　ロ　中古の建物を購入している場合

$$\boxed{\begin{array}{c}\text{売却した建物の建築年に対応}\\\text{する建物の標準的な建築価額}\end{array}} \times \boxed{\begin{array}{c}\text{その建物の床面積}\\\text{（延床面積）}\end{array}} - \boxed{\begin{array}{c}\text{その建物の建築時から取得時まで}\\\text{の経過年数に応じた償却費相当額}\end{array}} = \boxed{\begin{array}{c}\text{建 物 の}\\\text{取得価額}\end{array}}$$

国外中古建物を譲渡した場合の取得費加算

「国外中古建物の不動産所得に係る損益通算等の特例」の規定により生じなかったもの
とみなされた償却費については、譲渡所得の金額の計算上控除する取得費に加算する。
（令和3年以後の各年において生じなかったものとみなされた金額がある場合に限る。）

配偶者居住権等が設定された居住建物等を譲渡等した場合の取得費

配偶者居住権等が設定された居住建物等を譲渡等した場合において譲渡所得から控除す
る取得費は、次の算式により計算する。
（イ）配偶者居住権の取得費

$$\text{配偶者居住権の設定時における居住建物の取得費（注）} \times \frac{\text{設定時の配偶者居住権の相続税評価額}}{\text{設定時の居住建物の相続税評価額}} - \text{配偶者居住権の存続する期間を基礎とした金額} = \text{配 偶 者居 住 権の取得費}$$

　（注）上記の居住建物の取得費については、その取得の日からその設定の日までの
　　　　期間に係る減価の額を控除する。

（ロ）居住建物の取得費

$$\text{居住建物の取得費（注）} - \text{上記（イ）の金額} = \text{居住建物の取得費}$$

　（注）上記の居住建物の取得費については、その取得の日から譲渡の日までの期間
　　　　に係る減価の額を控除する。

（ハ）敷地利用権の取得費

$$\text{土地の通常の取得費} \times \frac{\text{設定時の配偶者敷地利用権の相続税評価額}}{\text{設定時の土地の相続税評価額}} - \text{配偶者居住権の存続する期間を基礎とした金額} = \text{敷 地利 用 権の取得費}$$

（ニ）敷地所有権の取得費

$$\text{土地の通常の取得費} - \text{上記（ハ）の金額} = \text{敷地所有権の取得費}$$

譲渡費用

譲渡に要した費用、つまり、資産の譲渡に係る費用で「取得費とされるもの以外のもの」をいう。

① 資産の譲渡に際して支出した仲介手数料、運搬費、測量費、契約書の印紙税、売渡証書作成費用、その他その譲渡のために直接要した費用

② 借家人等を立ち退かせるための費用、譲渡した土地の上にある建物等の取壊し費用、すでに売買契約を締結している資産を更に有利な条件で他に売却するため、その売買契約を解除したことに伴い支出する違約金等

③ 土地の譲渡に際して、その土地の上にある建物等を取り壊したり、除却した場合の譲渡に関連する資産損失

④ 譲渡契約の効力に関する紛争において、その契約が成立することとされた場合の民事事件に関する費用

＊譲渡費用にならないもの……譲渡資産の修繕費、固定資産税、抵当権抹消費用など

所有期間（長期・短期）の区分

譲渡する不動産の所有期間は、次のように区分される（資産の「取得日」・「譲渡日」は、一口メモ参照）。

| 長期の区分 | 土地・建物等を譲渡した日の属する年の1月1日において所有期間が5年を超える場合 |

| 短期の区分 | 土地・建物等を譲渡した日の属する年の1月1日において所有期間が5年以下の場合 |

 ●長期、短期の簡易判定

長期か短期かの判定は、譲渡した年から取得した年を控除し、その数字が6以上であれば、長期に該当する。

（例1）
・譲渡した年：令和5年8月10日
・取得した年：平成30年5月20日
・令和5年－平成30年＝5年　∴5年以下⇒短期

（例2）
・譲渡した年：令和5年8月10日
・取得した年：平成29年5月20日
・令和5年－平成29年＝6年　∴5年超⇒長期

●取得日と譲渡日（農地を含む）

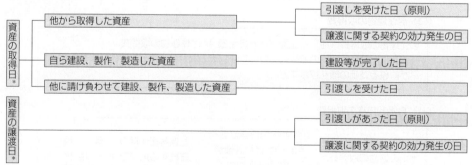

＊所有期間を計算する場合、取得日と譲渡日の判定が異なることとなっても差し支えない。

税額の計算方法

課税額は、所有期間により長期譲渡と短期譲渡とに区分して、それぞれ次の方法により計算する。

（1）短期譲渡所得の場合

① 課税短期譲渡所得金額の計算

収入金額	－	取得費＋譲渡費用	－	特別控除額	＝	課税短期譲渡所得金額

② 税額の計算

★一般の短期譲渡所得の場合
（一般分）

所得税	課税短期譲渡所得金額×30%（30.63%）
住民税	課税短期譲渡所得金額×9%

★軽減分の短期譲渡所得の場合
（国・地方公共団体に対する譲渡など）

所得税	課税短期譲渡所得金額×15%（15.315%）
住民税	課税短期譲渡所得金額×5%

（2）長期譲渡所得の場合

① 課税長期譲渡所得金額の計算

収入金額	－	取得費＋譲渡費用	－	特別控除額	＝	課税長期譲渡所得金額

② 税額の計算

★一般の長期譲渡所得の場合（一般分）

所得税	課税長期譲渡所得金額×15%（15.315%）
住民税	課税長期譲渡所得金額×5%

★優良住宅地造成等のための長期譲渡所得の場合（特定分）

2,000万円以下の部分	所得税	特定課税長期譲渡所得金額×10%（10.21%）
	住民税	特定課税長期譲渡所得金額×4%
2,000万円を超える部分	所得税	特定課税長期譲渡所得金額×15%（15.315%）
	住民税	特定課税長期譲渡所得金額×5%

＊平成16年1月1日～令和7年12月31日の譲渡に適用。

★居住用財産の長期譲渡所得の場合（軽課分）

居住用財産の軽減税率の適用がある場合の税額の計算は、47ページ参照。

●課税譲渡所得金額は、3,000万円特別控除（41ページ）の適用がある場合には、適用後の金額。

●上の表の（　）内の税率は、平成25年分から令和19年分までの各年分の所得税に加算される復興特別所得税（所得税額×2.1%）を加えた税率。

譲渡所得の所得控除の順序

所得税の計算をする場合、社会保険料控除や配偶者控除など各種の所得控除がある。これはまず、総合課税される所得から差し引かれるが、控除しきれない分（所得控除の控除不足額）については、短期譲渡所得、長期譲渡所得の順に差し引かれる。

譲渡損失の損益通算と損失の繰越控除

所有期間5年超の居住用不動産で一定の要件を満たすものを除き、土地等及び建物等の短期譲渡所得の金額又は長期譲渡所得の金額の計算上生じた損失の金額については、土地等及び建物等の譲渡による所得以外の所得との通算及び翌年以降の繰越しはできない。

居住用財産の特例

フローチャートでみる居住用財産の各種特例の適用早見表

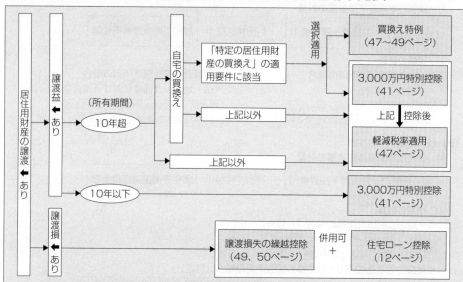

（＊1）特定の居住用財産の買換えの特例（47〜49ページ）と、相続等により取得した空き家に係る譲渡所得の特別控除の特例（44ページ）との併用は可。

（＊2）居住用財産の3,000万円特別控除（41ページ）と相続等により取得した空き家に係る譲渡所得の特別控除の特例（44ページ）との併用は可。ただし、同一年中に譲渡した場合、控除できる特別控除は3,000万円が限度。

居住用財産の3,000万円特別控除

マイホームやその敷地などを譲渡する場合、譲渡所得金額の計算上3,000万円が控除される。

項目	内　　容
適用要件	① 現に居住している家屋を譲渡した場合 ② 居住の用に供さなくなった家屋を、その居住の用に供さなくなった日以後3年を経過する日の属する年の年末までに譲渡した場合 ③ ①又は②の家屋とその敷地を譲渡した場合。その間の用途は問わない。 ④ 敷地等だけの譲渡は、原則として対象とはならない。ただし、次の2つの場合は認められる。 　イ．自分で家屋を取り壊した場合……その家屋を取り壊した日から1年以内に譲渡契約を結び、かつ、居住の用に供さなくなった日から3年目の年末までに譲渡すること。また、その家屋の取壊し後、譲渡契約締結日までの間に敷地等を駐車場など業務用に使っていないこと。 　ロ．災害によって家屋が滅失した場合……その家屋に住まなくなってから3年目の年末までに譲渡すること。その間の用途は問わない。 **注意**　●セカンドハウスや別荘は対象とならない。 　●店舗付住宅の場合は、居住用部分だけが対象となる（ただし、居住用部分が全体の90％以上あれば、その家屋と土地等全体を居住用とみなす）。 　●転勤などで、単身赴任している場合でも、家族が住んでいれば、特例の対象となる（42ページ**ケース1**参照）。
所有期間	譲渡した居住用財産の所有期間は問わない。
適用除外	**（1）譲渡する相手の制限** 　居住用財産を譲渡する相手が、次のいずれかにあてはまるときは、適用できない。 ① 配偶者及び直系血族（祖父母、父母、子、孫など） ② 譲渡者と生計を一にしている親族（①を除く） ③ 居住用財産を取得した後、譲渡者と同居する親族（①、②を除いた兄弟姉妹等） ④ 譲渡者と事実上婚姻関係にある人及びその親族で生計を一にしている人 ⑤ 譲渡者から受ける金銭などで生活している人及びその人の親族で生計を一にしている人（離婚によって財産を分与された人や譲渡者の使用人などを除く） ⑥ 同族会社 **（2）譲渡年の前年又は前々年に次の特例の適用を受けている場合** ●居住用財産の3,000万円特別控除（3年以上経過していれば、何回でも利用できる。空き家に係る譲渡所得の特別控除の特例を除く） ●特定の居住用財産の買換え及び交換の特例 ●居住用財産の買換え等による譲渡損失の損益通算及び繰越控除 ●特定居住用財産の譲渡損失の損益通算及び繰越控除 **（3）併用して適用できない主な特例** ●住宅ローン控除 ●認定住宅の新築等をした場合の所得税額の特別控除 **（4）この特例に係る譲渡につき併用して適用できない主な特例** ●固定資産の交換の特例 ●特定事業用資産の買換え及び交換の特例 ●収用等による買換えの特例 ●既成市街地等内にある土地等の買換え及び交換の特例 ●収用等により資産を譲渡した場合の5,000万円特別控除　など
申告要件	この特例を利用するには、この特例の適用を受けようとする年分の確定申告書に必要な事項を記入するとともに、次の書類を添付しなければならない。 ●譲渡所得の内訳書（確定申告書付表兼計算明細書）【土地・建物用】 　学区の関係などで住民票記載の住所と実際に住んでいる住所が異なる場合は、次の書類を提出する。 　・戸籍の附票の写し 　・住民基本台帳にのっていなかった事情を書いた書類 　・譲渡した住宅に住んでいたことを証明する書類（電気、ガス等の領収書）

一口メモ　家屋が共有となっている場合：この特例の適用を受けることができる家屋の共有者1人につき、3,000万円ずつ控除することができる。

3,000万円特別控除のケーススタディＱ＆Ａ

ケース1. 単身赴任の場合

Ａさんは現在、福岡へ単身赴任し、会社の社宅で暮らしている。大阪の自宅には妻と子供がそのまま暮らしているが、今度その自宅を売却し、福岡で新しく持ち家を購入する計画。Ａさんが自宅に住まなくなってから5年経っているが、「3,000万円特別控除」を利用できるか。

A 利用できる。

転勤や転地療養など、やむをえない事情で家族と離れて暮らし、売却する自宅に住んでいない場合でも、その事情が解消すれば同居すると認められるときは、「3,000万円特別控除」の対象となる。

ケース2. 新築中の仮住まいの場合

Ｂさんは古くなった自宅を建て替えることにし、工事の間は自分の所有するマンションに引越している。工事の予定が長引いて1年以上も住んでいるが、このマンションを売却する場合に「3,000万円特別控除」は利用できるか。

A 利用できない。

「3,000万円特別控除」の対象となる住宅は、所有者の生活の本拠として使っているものに限定され、Ｂさんのように自宅の建替え中だけ住む住宅は、たとえ1年以上住んでいてもあてはまらない。同様に、この特例の適用を受けるためだけの目的で入居したと認められる場合、あるいは主に趣味や娯楽、保養目的の別荘なども対象とならない。

ケース3. 兄弟に譲渡した場合

Ｃさんはマンションから一戸建てへ買い換えるに当たり、ちょうど結婚して新居を探していた弟夫婦にマンションを売ることにした。この場合、「3,000万円特別控除」は利用できるか。

A 利用できる。

自宅を売却する相手が親など特別の関係に当たる場合、「3,000万円特別控除」は利用できないことになっている。しかし、兄弟姉妹については、生計を一つにしていない。つまり、別々の家計を営んでおり、また売却された住宅に一緒に住むのでなければ、この特例は適用される。

なお、配偶者や直系血族（例えば、親・子・孫など）については、生計が別であってもこの特例は利用できない。

ケース4. 家屋と敷地の一部を譲渡する場合

Ｄさんは母屋と離れからなる自宅のうち、離れの家屋とその敷地だけ売却することにした。母屋には引き続き住む予定だが、「3,000万円特別控除」は利用できるか。

A 利用できない。

「3,000万円特別控除」はマイホーム（居住用財産）を全部譲渡した場合に適用されるのが原則であり、機能的にみて独立した家屋が残るＤさんのような場合には対象とならない。ただし、居住用の家屋の一部のみを譲渡した場合でも、それ以外の部分が機能的にみて独立した居住用の家屋と認められない場合に限り、特例の対象となる。

なお、居住用財産を他の者と共有するために譲渡した場合なども、この特例の対象にはならないので注意が必要。

ケース5. 店舗付き住宅の場合

Eさんは自宅と一緒になった家屋で喫茶店を経営しているが、今度それを売ることにした。「3,000万円特別控除」はこの場合、利用できるか。

A　条件によって異なる。

　まず、居住用の家屋やその敷地が全体のおおむね90%以上なら、全体が居住用として取り扱われ、特例を利用できる。

　第二に、店舗の部分がもっと広い場合は、居住用の部分についてのみ特例を利用できる。

　第三に、もともと自宅だった家屋の一部を店舗に改造したような場合、改造してから3年目の年末までに売却するなら、店舗部分も居住用家屋として認められ特例を利用できる。

ケース6. 曳き家した場合

Fさんは自宅の家屋を現敷地内で曳き家し、敷地のうち大通りに面した一部を売却することにした。「3,000万円特別控除」は利用できるか。

A　利用できない。

　「3,000万円特別控除」の対象は居住用家屋の譲渡が中心であり、Fさんのように曳き家して敷地だけ譲渡する場合は、この控除は利用できない。

　ただし、家屋が天災などで壊れた場合、住まなくなってから3年目の年末までに譲渡すれば利用できる。

ケース7. 1年に2回売却した場合

Gさんは今年、マンションから一戸建に買い替えたが、都合ですぐにその一戸建を売却した。1年の間に自宅を2回売却したことになるが、特例の利用はどうなるか。

A　どちらも利用できる。

　ただし、控除額は合計3,000万円まで。まず短期譲渡所得から控除し、残った分を長期譲渡所得から控除することになる。つまり、マンションを売った際の譲渡所得が3,000万円（長期）で、一戸建を売った際の譲渡所得が500万円（短期）なら、まず500万円から控除し、残り2,500万円を3,000万円から差し引く。

　なお、同じ年に現在住んでいる家屋と、かつて住んでいた家屋（住まなくなってから3年以内）を同時に売却する場合も特例が利用でき、譲渡所得の合計が3,000万円以下なら税金はかからない。

ケース8. 敷地と建物の名義が違う場合

Hさんの自宅は敷地が奥さんとの共有、家屋がHさん単独の名義になっている。この自宅を売却する場合、「3,000万円特別控除」の適用は、どうなるか。

A　条件によって異なる。

　家屋と敷地を一緒に譲渡するHさんは「3,000万円特別控除」を使えるが、土地の名義しかない奥さんは使えない。ただし、Hさんの譲渡所得が3,000万円に満たず控除不足額があるときは、その額に限って奥さんの譲渡所得から差し引ける。

　このような場合、次の条件を満たしていることが必要。

●その家屋とともに土地の譲渡があったこと。

●家屋の所有者と土地などの所有者とが親族関係にあり、しかも生計を一つにしていること。

●その土地などの所有者がその家屋の所有者とともにその家屋に住んでいること。

相続等により取得した空き家に係る譲渡所得の特別控除の特例

　相続開始の直前において被相続人の居住の用に供されていた一定の要件を満たす家屋及びその土地等を相続した相続人が、一定の耐震基準に適合する改修を行った後に譲渡した場合又は取壊し後に更地の状態で譲渡した場合には、居住用財産の譲渡に該当するものとみなして、居住用財産の3,000万円（又は2,000万円）特別控除の適用を受けることができる。

　なお、令和6年1月1日以後の譲渡については、譲渡後、一定の期間内に買主が一定の耐震基準に適合する改修を行った場合又は取壊しを行った場合でも、居住用財産の譲渡に該当するものとみなして、居住用財産の3,000万円（又は2,000万円）特別控除の適用を受けることができる。

【H28.4.1〜R9.12.31間の譲渡で、かつ、相続開始後3年を経過する年の属する年の12.31までの譲渡に適用】

項　目	内　　　　　容
対象者	相続の開始直前において被相続人の居住の用に供されていた家屋（被相続人居住用家屋）及びその敷地（被相続人居住用家屋の敷地等）である土地等を相続又は遺贈（死因贈与含む）により取得した相続人が対象
家屋の要件	以下のすべての要件に該当する被相続人居住用家屋が対象 ①昭和56年5月31日以前に建築された家屋であること ②建物の区分所有等に関する法律第1条の規定に該当する建物でないこと ③相続開始の直前において、被相続人以外に居住していた者がいない家屋であること
譲渡の時期	次の①及び②の期間中の譲渡が対象 ①平成28年4月1日から令和9年12月31日までの間にした譲渡 ②相続の開始があった日以後3年を経過する日の属する年の12月31日までの譲渡
特別控除額	被相続人居住用家屋及び被相続人居住用家屋の敷地等を相続又は遺贈（死因贈与を含む）により取得した相続人が3人以上である場合の特別控除額は2,000万円（令和6年1月1日以後の被相続人居住用家屋又は被相続人居住用家屋の敷地等の譲渡について適用）
譲渡対価の制限	譲渡対価の額が1億円以下である譲渡が対象
譲渡の形態	①改修工事をした後に譲渡する場合の要件：以下のすべての要件に該当すること 　イ）相続の時から譲渡時まで事業の用、貸付の用又は居住の用に供されたことがないこと 　ロ）譲渡の時において一定の耐震基準に適合していること ②被相続人居住用家屋の除却、全部の取壊し又は滅失後に被相続人居住用家屋の敷地等を譲渡する場合の要件：以下のすべての要件に該当すること 　イ）相続の時から除却等の時まで、事業の用、貸付の用又は居住の用に供されていたことがないこと 　ロ）相続の時から譲渡の時まで、事業の用、貸付の用又は居住の用に供されていたことがないこと 　ハ）除却等の時から譲渡の時まで建物又は構築物の敷地の用に供されていたことがないこと ③譲渡後に、改修工事がされた場合の要件：以下のすべての要件に該当すること 　イ）令和6年1月1日以後の譲渡であること 　ロ）相続時から譲渡時まで事業の用、貸付の用又は居住の用に供されたことがないこと 　ハ）譲渡の時から譲渡した年の翌年2月15日までの間に、一定の耐震基準に適合することとなったこと ④譲渡後に、被相続人居住用家屋の除却、全部の取り壊し又は滅失をした場合の要件：以下のすべての要件に該当すること 　イ）令和6年1月1日以後の譲渡であること 　ロ）相続時から譲渡時まで事業の用、貸付の用又は居住の用に供されたことがないこと 　ハ）譲渡の時から譲渡した年の翌年2月15日までの間に、被相続人居住用家屋の全部の取り壊し若しくは除却がされ、又はその全部が滅失をしたこと
適用除外	**（1）譲渡する相手の制限：41ページと同じ。** **（2）この特例の適用に係る譲渡につき併用して適用できない主な特例** ●固定資産の交換特例 ●特定事業用資産の買換え及び交換の特例 ●収用等による買換えの特例 ●既成市街地等内にある土地等の買換え及び交換の特例 ●収用等により資産を譲渡した場合の5,000万円特別控除 ●相続財産を譲渡した場合の相続税額の取得費加算の特例　など
申告要件	この特例の適用を受けるには、確定申告書（分離課税用）の「特例適用条文」欄に「措置法35条第3項」と記載し、次に掲げる書類を添付しなければならない。 ①譲渡所得の内訳書（確定申告書付表兼計算明細書）【土地・建物用】 ②譲渡資産の登記事項証明書 ③被相続人居住用家屋等確認書（譲渡資産の所在地の市町村へ申請し交付を受ける） ④譲渡資産の売買契約書の写し ⑤耐震基準適合家屋に改修後、譲渡した場合：「耐震基準適合証明書」又は「建設住宅性能評価書の写し」（譲渡日前2年以内に耐震基準調査又は耐震等級評価を受けたものに限る）

- 居住用財産の一部を譲渡してこの特例を適用し、その譲渡年の翌年又は翌々年に残りの居住用財産を譲渡したことにより、対価の額の合計が1億円を超えることになった場合は、この特例の適用が受けられなくなり、4か月以内に修正申告書の提出及び納税をしなければならない。ただし、延滞税・過少申告加算税は発生しない。
- 被相続人が①要介護認定又は要支援認定を受けて、相続開始直前まで老人ホーム等に入所していても、その家屋を②被相続人の物品の保管場所等として利用し、かつ、事業用・貸付用又は被相続人以外の者の居住の用に供していないこと等の要件を満たす場合には、この特例が適用できる（H31.4.1以後の譲渡に適用）。
- 小規模宅地等の課税価格の特例（77ページ）も、老人ホーム等入所者を適用対象に含めているが、その判定期間等が異なる点に注意が必要。

相続等により取得した空き家に係る譲渡所得の特別控除の特例のケーススタディＱ＆Ａ

ケース1.　3,000万円特別控除と同時に適用を受ける場合

Aさんは、同一年中にAさんの自宅と被相続人Bさんから相続により取得した家屋を譲渡した。この場合に、Aさんは「3,000万円特別控除」と「相続等により取得した空き家に係る譲渡所得の特別控除」の控除限度額はそれぞれ3,000万円ずつとなるのか。

A　「3,000万円特別控除」と「相続等により取得した空き家に係る譲渡所得の特別控除」とは、合計で3,000万円が限度となる。

「相続等により取得した空き家に係る譲渡所得の特別控除」は、居住用財産を譲渡した場合に該当するものとみなして、「3,000万円特別控除」が適用されるため、控除額の限度は3,000万円となる。

ケース2.　被相続人が老人ホームに入居していた場合

被相続人Cさんは、相続開始時に要介護認定を受け、老人ホームに入居していた。Cさんが老人ホームに入居する前に居住していた家屋及び敷地を、相続により取得したDさんが令和5年4月に売却した場合に、「相続等により取得した空き家に係る譲渡所得の特別控除」は適用できるか。

A　適用できる。

平成31年4月1日以降に譲渡する家屋及び敷地については、相続開始時に被相続人が老人ホームに入居していた場合でも、要介護認定等を受けている等の一定の要件を満たせば「被相続人の居住の用」に供するものとして取り扱われる。そのため、「相続等により取得した空き家に係る譲渡所得の特別控除」は利用できる。

ケース3.　分割して売却した場合

相続人Eさんと相続人Fさんが、被相続人Gさんの居住していた家屋及び敷地を相続により1/2ずつ共有により取得した。その後、EさんとFさんは、同一年中にそれぞれの持分を6,000万円ずつで売却した。その場合、EさんとFさん、それぞれで「相続等により取得した空き家に係る譲渡所得の特別控除」は利用できるか。

A　EさんとFさん、ともに利用できない。

譲渡対価の額が1億円以下であることが要件となる。被相続人の居住用家屋と一体として利用していた部分を、別途分割して売却している場合や、他の相続人が売却している場合における譲渡対価の額が1億円以下であるかどうかの判定は、相続の時からこの特例の適用を受ける人が売却した日か

ら3年目の年の12月31日までの間に分割して売却した部分や他の相続人が売却した部分も含めた譲渡対価の額による。

　なお、譲渡対価の額の合計額が1億円を超える場合には、この特例の適用を受けていた人は、その売却の日から4か月以内に修正申告書の提出と納税が必要となる。

ケース4. 売買契約締結後に家屋が取り壊される場合

> 相続人Hさんは被相続人Iさんが居住していた家屋を相続により取得した。Hさんは家屋を取り壊す特約を付して12月に土地の売買契約を締結し、翌年1月に家屋が取り壊された後、土地を引き渡した。この場合Hさんは「相続等により取得した空き家に係る譲渡所得の特別控除」は適用できるか。

A　適用できる。

　　家屋の取壊し後に更地の状態で譲渡する場合、被相続人居住用家屋の全部の取壊し若しくは除却又は滅失をした後に敷地等を譲渡したことを要件としており、Hさんは土地の引渡しまでに家屋を取り壊しているため適用できる。

　ただし、契約日を譲渡日として申告する場合には、契約時においてまだ家屋が取り壊されていないため適用できない。（令和6年1月1日以後の譲渡にあっては、譲渡をした年の翌年2月15日までの間に取り壊されていれば適用できるため、契約日を譲渡日として申告する場合でも適用できる）

ケース5. 母屋以外の建築物がある場合

> 被相続人Jさんの自宅敷地には母屋と離れがある。当該土地及び家屋を相続したKさんが売却をする際、その敷地全体について「相続等により取得した空き家に係る譲渡所得の特別控除」の適用が受けられるか。

A　居住用部分のみ適用できる。

　　用途上不可分の関係にある2以上の建築物がある土地については、被相続人が主として居住の用に供していたと認められる一の建築物に限りこの規定の適用が受けられることから、土地を母屋と離れの床面積の比によって按分した上で、母屋に係る部分のみこの規定の適用が受けられる。

　なお、この規定の適用を受けない離れに係る部分については「相続財産を譲渡した場合の相続税額の取得費加算の特例」の適用が受けられる。

ケース6. 未登記家屋の場合

> 家屋が未登記のため確定申告書に登記事項証明書を添付できない場合には、「相続等により取得した空き家に係る譲渡所得の特別控除」は適用できないのか。

A　一定の書類添付で適用できる。

　　登記事項証明書に代えて、例えば、次のような書類を添付することで適用が受けられる。

① 被相続人居住用家屋を被相続人から相続等により取得したことを証明する書類として、遺産分割協議書

② 被相続人居住用家屋が昭和56年5月31日以前に建築されたことを証明する書類として、建築当時の確認済証、検査済証、建築に関する請負契約書

③ 被相続人居住用家屋が区分所有等に関する法律第1条の規定に該当する建物でないことを証明する書類として、固定資産課税台帳の写し

居住用財産の税率軽減（軽減税率）

- ●譲渡する年の1月1日において所有期間が10年を超える居住用財産（家屋、土地等とも）を譲渡した場合、長期譲渡所得の税率よりさらに有利な軽減税率が適用される。
- ●3,000万円特別控除をした後の金額（課税長期譲渡所得金額）に応じて、税率は次のようになる。
  - ＊①②の算式内の（　）は、復興特別所得税加算後の税率及び税額。

①　課税長期譲渡所得金額が6,000万円以下の場合

課税長期譲渡所得金額×10%（10.21%）＝所得税額
課税長期譲渡所得金額×　4%＝住民税額

②　課税長期譲渡所得金額が6,000万円を超える場合

（課税長期譲渡所得金額－6,000万円）×15%（15.315%）＋600万円（612.6万円）＝所得税額
（課税長期譲渡所得金額－6,000万円）×　5%＋240万円＝住民税額

項　　目	内　　　　　　　　容
適用要件	「居住用財産の3,000万円特別控除」（41ページ）と同じ
所有要件	譲渡した年の1月1日における所有期間が10年を超えるもの
適用除外	（1）譲渡する相手の制限　「居住用財産の3,000万円特別控除」（41ページ）と同じ （2）譲渡年の前年又は前々年に次の特例の適用を受けている場合 　●居住用財産の税率軽減 （3）併用して適用できない主な特例 　●住宅ローン控除 　●認定住宅の新築等をした場合の所得税額の特別控除 （4）この特例に係る譲渡につき併用して適用できない主な特例 　●固定資産の交換の特例 　●特定事業用資産の買換え及び交換の特例 　●収用等による買換えの特例 　●既成市街地等内にある土地等の買換え及び交換の特例 　●特定の居住用財産の買換え及び交換の特例　など
申告要件	「居住用財産の3,000万円特別控除」（41ページ）と同じ
添付書類	●譲渡資産の登記事項証明書（登記簿謄本又は抄本） ＊学区の関係などで、住民票記載の住所と実際に住んでいる住所が異なる場合は、41ページ参照。

特定の居住用財産の買換えの特例

　一定の条件を満たすマイホームの買換えについて、譲渡所得に対する課税が繰り延べられる。ただし、「居住用財産の3,000万円特別控除」や「居住用財産の税率軽減」とは、選択適用。

★譲渡所得金額の計算（譲渡資産の譲渡価額が、買換資産の取得価額以下である場合は、課税なし）

★適用要件等

要　件		内　　　　　容
譲渡資産	所有要件	譲渡した年の1月1日において所有期間が10年を超える居住用財産の譲渡 ＊家屋が災害などで滅失した場合の土地も、建物があったならば譲渡の年の1月1日において所有期間が10年を超えることとなる敷地であった土地は対象になる。
	取得原因	問わない
	居住期間	本人の居住していた期間が10年以上であること
	制限	譲渡資産の譲渡に係る対価の額が1億円以下であること ＊居住用財産の一部を譲渡し、譲渡年の前年、前々年においてその居住用財産のその他の部分の譲渡をしている場合には、譲渡年を含む3年間のその居住用財産の対価の額の合計額で1億円の判定をする。
買換資産	対象資産	譲渡資産を譲渡する人が住むための家屋や敷地等で国内にあるもの
	取得期間の制限	買換資産である居住用財産を、譲渡した年の前年から譲渡年の翌年の年末までに取得すること
	居住開始要件	●譲渡した年又はその前年に取得した買換資産は譲渡年の翌年末までに居住すること ●譲渡年の翌年中に取得したものは、取得年の翌年末までに居住すること
	制限	●建物の床面積：50㎡以上 ●土地の面積：500㎡以下 ●新築建物の場合：令和6年1月1日以後に居住の用に供した場合又は供する見込みである場合には、特定居住用家屋に該当するものを除く。 　特定居住用家屋とは、住宅の用に供する家屋でエネルギーの使用の合理化に資する家屋に該当するもの以外のもので、次の要件のいずれにも該当しないものをいう。 　①その家屋が令和5年12月31日以前に建築基準法第6条第1項の規定による確認を受けているものであること。 　②その家屋が令和6年6月30日以前に建築されたものであること。 ●中古建物（耐火建築物）の場合：築後25年以内（一定の耐震基準構造適合耐火建築物（既存住宅売買瑕疵保険に加入している建築物を含む）については、築後経過年数を問わない） ●中古建物（非耐火建築物）の場合：次のいずれかに該当すること 　①築後25年以内 　②地震に対する安全性に係る規定もしくはこれに準ずる基準に適合すること 　＊上記要件を満たさない場合で、取得期限までに改修等を行うことにより、上記要件に適合することとなったときには、上記要件を満たす家屋を取得したものとする。
適用除外		（1）譲渡する相手の制限 「居住用財産の3,000万円特別控除」（41ページ）と同じ （2）譲渡年、譲渡年の前年又は前々年に次の特例の適用を受けている場合 ●居住用財産の税率軽減（軽減税率） ●居住用財産の3,000万円特別控除（相続等により取得した空き家に係る譲渡所得の特別控除の特例を除く） ●居住用財産の買換え等による譲渡損失の損益通算及び繰越控除 ●特定居住用財産の譲渡損失の損益通算及び繰越控除 （3）併用して適用できない主な特例 ●住宅ローン控除 ●認定住宅の新築等をした場合の所得税額の特別控除 （4）この特例に係る譲渡につき併用して適用できない主な特例 ●固定資産の交換の特例 ●特定事業用資産の買換え及び交換の特例 ●収用等による買換えの特例 ●既成市街地等内にある土地等の買換え及び交換の特例 ●収用等により資産を譲渡した場合の5,000万円特別控除　など
適用期限		令和5年12月31日までに譲渡したものであること
申告要件		この特例を利用するには、譲渡のあった年分の確定申告書に必要な事項を記入するとともに、次の書類を添付しなければならない。 ①譲渡所得の内訳書（確定申告書付表兼計算明細書）【土地・建物用】 ②譲渡した資産の登記事項証明書（登記簿謄本又は抄本） 　＊学区の関係などで、住民票記載の住所と実際に住んでいる住所が異なる場合は、41ページ参照。 ③買換資産の取得価額を明らかにする契約書、領収書の写し ④買換資産の登記事項証明書（登記簿謄本又は抄本） ⑤買換資産を取得予定の場合は、③、④に代えて「買換資産の明細書」

居住用財産の買換え等による譲渡損失の損益通算及び繰越控除

　平成10年1月1日から令和5年12月31日までの間に、マイホームを譲渡し、住宅ローンで新たにマイホームを取得した場合に、その譲渡により生じた損失の金額があるときは、その年の他の所得との通算が認められ、損益通算してもなお控除しきれない部分の金額は、一定の要件のもとに譲渡の年の翌年以後3年内の各年分の繰越控除が認められる。

要 件		内 容
譲渡資産	所有要件	譲渡した年の1月1日において所有期間が5年超のもの
	譲渡原因	個人の居住用財産の譲渡であること（譲渡所得の基因となる不動産の貸付を含み、贈与・現物出資による譲渡を除く）
買換資産	取得要件	新たに取得することが必要
	取得期間	譲渡年の前年から譲渡年の翌年の年末までに取得
	居住開始要件	取得した年の翌年の年末までに居住の用に供すること、又は供する見込みがあること
	床面積制限	建物の床面積のうち居住用部分が50㎡以上
	住宅借入金等	繰越控除の適用を受けようとする年の年末に一定の住宅借入金等の残高があること
譲渡損失の金額		譲渡資産のうち、500㎡を超える敷地等の部分に相当する損失額を除く
損失の繰越控除		譲渡した年の翌年以後3年間
適用除外		(1) 譲渡する相手の制限 　　「居住用財産の3,000万円特別控除」（41ページ）と同じ (2) 所得要件 　　合計所得金額が3,000万円を超える年分（損益通算については、合計所得金額が3,000万円を超える年分も適用可） (3) 譲渡年の前年又は前々年において、次の特例の適用を受けている場合 　●居住用財産の税率軽減（軽減税率） 　●居住用財産の3,000万円特別控除（相続等により取得した空き家に係る譲渡所得の特別控除の特例を除く） 　●特定の居住用財産の買換え及び交換の特例 (4) 譲渡年又はその年の前年以前3年内における資産の譲渡につき特定居住用財産の譲渡損失の損益通算の特例の適用を受けている場合
適用期限		平成10年1月1日〜令和5年12月31日までに譲渡したもの
申告要件		(1) 譲渡損失が生じた年分 　　下記の資料を添付して譲渡損失の申告書を期限内に提出していること 　①居住用財産の譲渡損失の金額の計算に関する明細書及び居住用財産の譲渡損失の損益通算及び繰越控除の対象となる金額の計算書 　②譲渡した資産の登記事項証明書（登記簿謄本又は抄本） 　③譲渡した資産の売買契約書その他これらに類する書類の写し 　④買換資産の登記事項証明書（登記簿謄本又は抄本） 　⑤買換資産の取得価額を明らかにする契約書、領収書の写し 　⑥買換資産に係る住宅借入金等の残高証明書 (2) 譲渡損失の金額の繰越控除の特例を受けようとする年分 　　下記の資料を添付して申告書を提出すること 　①居住用財産の譲渡損失の繰越控除の計算に関する明細書 　②買換資産に係る住宅借入金等の残高証明書

　　住宅の買換えによる譲渡損失の3年間繰越控除制度と住宅ローン控除（住宅ローン減税）制度との重複適用が可能。

特定居住用財産の譲渡損失の損益通算及び繰越控除

　個人が平成16年1月1日から令和5年12月31日までの間に、所有期間が5年を超え、譲渡契約締結日の前日において住宅借入金等の残高がある等一定の要件を満たすマイホームを譲渡した場合に生じた損失の金額があるときは、その年の他の所得との損益通算が認められ、控除しきれない損失の金額がある場合は、翌年以後3年内の各年分（合計所得金額が3,000万円以下である年分に限る）の総所得金額等からの繰越控除が認められる。

　この制度における譲渡損失の金額とは、①マイホームの譲渡損失の金額、②譲渡したマイホームの住宅借入金等の金額から譲渡対価を控除した残額、のいずれか少ない金額をいう。

要　件		内　　容
譲渡資産	所有要件	譲渡した年の1月1日において所有期間が5年超のもの
	譲渡原因	個人の居住用財産の譲渡であること（譲渡所得の基因となる不動産の貸付を含み、贈与・現物出資による譲渡を除く）
	住宅借入金等	譲渡契約締結日の前日において残高があること
買換資産	取得要件	要件なし
	居住開始要件	
	床面積制限	
	住宅借入金等	
損益通算及び繰越控除の対象となる譲渡損失		次の①又は②のうちいずれか少ない金額 ①　「住宅借入金等の残高」－「譲渡対価の額」 ②　譲渡価額－（取得費＋譲渡費用）
適用除外		(1) 譲渡する相手の制限 　　「居住用財産の3,000万円特別控除」（41ページ）と同じ (2) 所得要件 　　合計所得金額が3,000万円を超える年分（損益通算については、合計所得金額が3,000万円を超える年分も適用可） (3) 譲渡年の前年又は前々年において下記特例の適用を受けている場合 　●居住用財産の税率軽減（軽減税率） 　●居住用財産の3,000万円特別控除（空き家に係る譲渡所得の特別控除の特例を除く） 　●特定の居住用財産の買換え及び交換の特例 (4) 譲渡年又はその年の前年以前3年内における資産の譲渡につき居住用財産の買換え等の場合の譲渡損失の損益通算の特例の適用を受けている場合
適用期限		平成16年1月1日から令和5年12月31日までに譲渡したもの
申告要件		(1) 譲渡損失が生じた年分 　　下記の資料を添付して譲渡損失の申告書を期限内に提出していること 　①　特定居住用財産の譲渡損失の金額の明細書及び特定居住用財産の譲渡損失の損益通算及び繰越控除の対象となる金額の計算書 　②　譲渡した資産の登記事項証明書（登記簿謄本又は抄本） 　③　譲渡した資産の売買契約書その他これらに類する書類の写し 　④　譲渡した資産に係る住宅借入金等の残高証明書 (2) 譲渡損失の金額の繰越控除の特例の適用を受けようとする年分 　　特定居住用財産の譲渡損失の繰越控除の計算に関する明細書を添付して申告書を提出すること

特定の土地等の長期譲渡所得の1,000万円特別控除

　個人が平成21年に取得した国内にある土地等を平成27年以降に譲渡した場合又は平成22年に取得した土地等を平成28年以降に譲渡した場合には、その土地等に係る譲渡所得の金額から1,000万円を控除することができる。

項　目	内　容
適用対象となる譲渡	平成21年1月1日から平成22年12月31日までの間に取得した国内にある土地等で、譲渡の年の1月1日において所有期間が5年を超える土地等の譲渡であること ①平成21年に取得した土地等：平成27年以降の譲渡 ②平成22年に取得した土地等：平成28年以降の譲渡 （注）土地等の譲渡には、譲渡所得の基因となる不動産等の貸付けを含む。
譲渡所得の金額	譲渡所得の金額は、次の算式により計算する。 収入金額　−　（取得費　＋　譲渡費用）＝長期譲渡所得の金額 長期譲渡所得の金額　−　特別控除額（1,000万円）＝課税長期譲渡所得金額 （注）長期譲渡所得の金額が1,000万円に満たない場合には、その長期譲渡所得の金額
適用除外	（1）取得・譲渡する相手の制限 　　土地等を取得・譲渡する相手が、次のいずれかにあてはまるときは、適用できない。 　　①配偶者及び直系血族（祖父母、父母、子、孫など） 　　②譲渡者と生計を一にしている親族（①を除く） 　　③譲渡者と婚姻の届出をしていないが事実上婚姻関係と同様の事情にある人及びその親族でその人と生計を一にしている人 　　④上記①〜③の人及びその個人の使用人以外の人で譲渡者から受ける金銭などで生活している人及びその人の親族で生計を一にしている人（離婚によって財産を分与された人を除く） 　　⑤その個人、その個人の①及び②に掲げる親族、その個人の使用人もしくはその使用人の親族でその使用人と生計を一にしている人又は上記③又は④に該当する者を判定の基礎となる株主等とした場合に同族会社となる会社その他の法人 　　　　（注）上記⑤の「その他の法人」には、出資持分のある医療法人などが該当する。 （2）取得する土地等の制限 　　次に該当する土地等の取得は、適用対象とならない。 　　①特別の関係がある者（上記（1）に該当する者）から取得したもの 　　②相続、遺贈、贈与、交換により取得したもの 　　③代物弁済としての取得及び所有権移転外リース取引により取得したもの 　　④棚卸資産に該当するもの 　　　（注）土地等の取得後の用途は問わない。 （3）この特例に係る譲渡につき併用して適用できない主な特例 　　①居住用財産の特別控除 　　②固定資産の交換の特例 　　③特定事業用資産の買換え及び交換の特例 　　④特定居住用資産の買換え及び交換の特例 　　⑤収用等による買換えの特例 　　⑥既成市街地等内にある土地等の買換え及び交換の特例　　など
申告手続	この特例の適用を受ける場合には、確定申告書に次の書類を添付して提出しなければならない。 ①　譲渡所得の内訳書（確定申告書付表兼計算明細書）【土地・建物用】 ②　土地等の登記事項証明書、売買契約書の写しその他の書類で平成21年1月1日から平成22年12月31日までの間に取得されたものであることを明らかにする書類

特定の土地等の長期譲渡所得の1,000万円特別控除のケーススタディQ&A ━━

ケース1. 賃貸物件を譲渡した場合

> Aさんは、平成21年中に取得した賃貸物件及びその敷地を、令和5年中に譲渡した。この賃貸用の土地について、「特定の土地等の長期譲渡所得の1,000万円特別控除」の適用を受けることができるか。

A **適用できる。**
　「特定の土地等の長期譲渡所得の1,000万円特別控除」の対象となる土地等については、その所有期間中の用途は問わない。

ケース2. 3,000万円特別控除と同時に適用を受ける場合

> Bさんは、平成22年中に取得した自宅家屋及び敷地を、令和5年中に譲渡した。この場合に、Bさんは「3,000万円特別控除」と「特定の土地等の長期譲渡所得の1,000万円特別控除」の併用適用をすることができるか。

A **自宅敷地については、併用適用できない。**
　「特定の土地等の長期譲渡所得の1,000万円特別控除」の対象となる譲渡には、「3,000万円特別控除」の適用を受ける譲渡は含まないものとされている。

　これにより、譲渡した自宅敷地については、「3,000万円特別控除」と「特定の土地等の長期譲渡所得の1,000万円特別控除」の併用適用をすることはできない。

　ただし、自宅敷地で「特定の土地等の長期譲渡所得の1,000万円特別控除」の適用を受けた場合であっても、自宅家屋で「3,000万円特別控除」の適用を受けることができる。

低未利用土地等を譲渡した場合の長期譲渡所得の100万円特別控除

個人が、都市計画区域内に所在する低未利用土地等を令和2年7月1日から令和7年12月31日までの間に譲渡した場合には、低未利用土地等に係る長期譲渡所得の金額から100万円を控除することができる。

項　　目	内　　容
適用対象となる土地等	都市計画区域内に所在する居住の用、事業の用等に供されておらず、又はその利用の程度が周辺の地域における同一の用途等に供されている土地の利用の程度に比し著しく劣っていると認められる土地であり、低未利用土地であること及び譲渡後の土地の利用について市町村長による確認が行われたものであること。 （注）譲渡後の土地の利用の用途が、コインパーキングである場合を除く。
適用対象となる譲渡	令和2年7月1日から令和7年12月31日までの間の譲渡で、譲渡の年の1月1日において所有期間が5年を超える低未利用土地等の譲渡であること。 （注）土地等の譲渡には、譲渡所得の基因となる不動産等の貸付けを含む。
譲渡所得の金額	譲渡所得の金額は、次の算式により計算する。 収入金額－（取得費＋譲渡費用）＝長期譲渡所得の金額 長期譲渡所得の金額－特別控除額（100万円）＝課税長期譲渡所得金額 （注）長期譲渡所得の金額が100万円に満たない場合には、その長期譲渡所得の金額
適用除外	（1）譲渡する相手の制限 　　「特定の土地等の長期譲渡所得の1,000万円の特別控除」（51ページ）と同じ （2）譲渡対価が500万円を超えるもの 　　ただし、次に掲げる区域内にある低未利用土地の譲渡の場合には、譲渡対価が800万円を超えるもの 　　●市街化区域又は区域区分に関する都市計画が定められていない都市計画区域 　　　（用途地域が定められている区域に限る） 　　●所有者不明土地の利用の円滑化等に関する特別措置法に規定する所有者不明土地対策計画を作成した市町村の区域 （3）前年又は前々年にこの規定の適用を受けた場合 　　この規定の適用を受けようとする低未利用土地等と一筆の土地等から分筆された土地等について、その年の前年又は前々年にこの規定の適用を受けている場合 （4）この特例に係る譲渡につき併用できない主な特例 　　①固定資産の交換の特例 　　②収用等により資産を譲渡した場合の5,000万円特別控除の特例 　　③特定の土地等の長期譲渡所得の1,000万円特別控除の特例　　など
申告手続	この特例の適用を受ける場合には、確定申告書に次の書類を添付して提出しなければならない。 ①譲渡所得の内訳書（確定申告書付表兼計算明細書）【土地・建物用】 ②低未利用土地等の譲渡後の利用に関する書類で市町村長の確認を受けたもの ③譲渡した低未利用地等に係る売買契約書の写しその他の書類で、その譲渡対価が500万円以下（一定の場合には、800万円以下）であることを明らかにするもの

贈与税 （暦年贈与）

OUTLINE

- ●財産の贈与を受けた人が支払う国税（個人間の贈与に限られ、法人からの贈与は所得税の課税対象）
- ●課税の対象となるのは、毎年1月1日から12月31日までの間に贈与によって取得した現金、預貯金、株式、不動産など。また、受贈人以外が保険料を払っていた生命保険金やその物の時価より著しく低額の財産の譲受、不動産の名義変更なども贈与税の対象となる。
- ●贈与税は相続税と密接な関係にあり、税率は10～55%で同じだが、税率の刻みが相続税よりも急であるため、一般的に税額は相続税よりも高くなる。
- ●贈与税の控除としては、年間110万円の基礎控除や婚姻期間が20年以上の配偶者間で居住用不動産などの贈与があった場合の2,000万円控除（55ページ）などがある。
- ●贈与を受けた翌年の2月1日から3月15日までに申告と税額の納付を金銭で行う。
- ●相続時精算課税適用者の「贈与税」は、57ページ参照。

贈与税の計算方法

　贈与税は、毎年1月1日から12月31日までの間に贈与を受けた財産のうち、課税対象となるものの合計額から配偶者控除及び基礎控除を差し引いたものに、所定の税率をかけて求める。

　財産の評価には、相続税評価額を用いる。

$$\left[\begin{array}{c}\text{贈与財産の}\\\text{課税価格}\end{array}\right] - \left[\begin{array}{c}\text{配偶者控除}\\\text{(最高2,000万円)}\end{array}\right] - \left[\begin{array}{c}\text{基礎控除}\\\text{(110万円)}\end{array}\right] \times \overbrace{\boxed{\text{税率}} - \boxed{\text{控除額}}}^{\text{(贈与税の速算表)}} = \left[\begin{array}{c}\text{贈与}\\\text{税額}\end{array}\right]$$

贈与税のかかる財産

　贈与（贈与者が財産を無償で相手に与える意思を表示し、相手がこれを承諾することによって成立する民法上の契約）によって取得した財産及び贈与によって取得したものと"みなされる"財産に分けられる。

（1）贈与によって取得した財産

　金銭に見積もることができる経済的価値のあるものすべてであり、不動産、株式などのほか、電話加入権、営業権なども含まれる。また、次の内容に該当する場合も、贈与によって取得された財産となる。

- ①　対価の授受をともなわずに名義変更された不動産や株式
- ②　他人名義で取得された不動産や株式
- ③　負担付贈与において、財産の評価額からローンなどの負債額を差し引いた残額
  　　土地家屋等の負担付贈与は、相続税評価額ではなく取得時における通常の取引価額で評価する。

（2）贈与によって取得したものとみなされる財産

- ①　委託者以外が受益者である信託受益権
- ②　受取人以外が保険料を負担していた生命保険金
- ③　受取人以外が掛金を負担していた定期金
- ④　低額譲受による財産
  　　著しく低い価額で購入した場合を低額譲受といい、土地家屋等については取得時における通常の取引価額との差額が贈与税の対象になる。
- ⑤　債務免除等の利益

> **注意**　生命保険会社が①1回の支払金額が100万円を超える保険金又は解約返戻金を支払った場合、②1年間で20万円超の年金を支払った場合、③**契約者名義を変更した場合**には、税務署に支払調書の提出が義務付けられている。
> 名義変更だけでは課税されないが、注意が必要。

贈与税のかからない財産

① 法人から贈与を受けた財産（所得税の課税対象となる）
② 扶養義務者からの生活費や教育費（通常必要と認められる範囲内のもの）
　（注）上記以外に直系尊属から受ける教育資金の一括非課税贈与及び直系尊属から受ける結婚・子
　　　　育て資金の一括非課税贈与並びに直系尊属から受ける住宅取得等資金贈与の特例がある。
③ 社交上必要と認められる香典や見舞金など
④ 相続があった年に被相続人から贈与された財産（相続税の課税対象となる）

贈与税の基礎控除

　1年間に贈与を受けた財産の合計額が110万円以下であれば贈与税はかからない。この基礎控除は、贈与税の申告の有無に関係なく認められる。

配偶者控除

　婚姻期間が20年以上である配偶者から、次のいずれかの財産を取得した場合、その年分の贈与税について基礎控除110万円のほかに最高2,000万円が控除される。
① 居住用不動産で贈与を受けた年の翌年3月15日までに居住し、引続き居住する見込みであるもの
② 居住用不動産を取得するための金銭で、贈与を受けた翌年の3月15日までにその取得にあてられ、かつ、同日までに居住し、引続き居住する見込みであるもの

 配偶者控除を利用する場合のポイント
　●適用を受けるには、次の書類を添付して贈与税の申告書を提出することが必要。
　　① 戸籍謄本及び戸籍の附票の写し（贈与を受けた日から10日を経過した日以降に作成
　　　　されたもの）
　　② 贈与を受けた居住用不動産の登記事項証明書（登記簿謄本又は抄本）その他の書類
　　　　で当該贈与を受けた者が当該居住用不動産を取得したことを証する書類
　●居住用不動産の取得には、家屋の増築を含むが、改築は含まない。

【注意】●この配偶者控除は、同一の配偶者については一生に一回しか適用されない。
　　　　●内縁関係にある人は、控除対象者にならない。
　　　　●婚姻期間は、婚姻の届出があった日から、その財産の贈与があった日までの期間により
　　　　　計算し、その期間中に配偶者でない期間がある場合には、その期間を除く。

教育資金の一括非課税贈与

　平成25年4月1日から令和8年3月31日までの措置として、30歳未満の受贈者(子・孫等)の教育資金に充てるために、その直系尊属(親、祖父母等)が金銭等を拠出し、金融機関等に信託等をした場合には、受贈者1人につき1,500万円(学校等以外の者に支払われた金銭等については、500万円)までの金額については、贈与税が課税されない。
　なお、平成31年4月1日以後に行う贈与からは、前年の受贈者の合計所得金額が1,000万円を超える場合には、この非課税制度は適用できない。また、令和元年7月1日以後に支払われる教育資金の範囲が縮減され、23歳以上の受贈者に支払われる学校等以外の者に支払われる費用は、教育訓練給付金の支給対象となる教育訓練受講費用に限定される。
　教育資金は、金融機関が受贈者名義の口座等により管理し、資金の使途は、金融機関等が受贈者から提出された領収書等により確認・記録し、保存する。
　受贈者が30歳に達すると、原則として、その日に口座等は終了し、非課税拠出額から教育資金支出額を控除した残額について、贈与税が課税される。ただし、令和元年7月1日以後は、受贈者が①学校等に在学している場合又は②教育訓練給付金を受けなくなった年の12月31日と、受贈者が40歳に達する日のいずれか早い日に口座契約等は終了する。

　また、令和5年4月1日以後に取得する信託受益権等に係る贈与税については、「一般の受贈者」の税率及び控除額（93ページ参照）を適用する。

 教育資金一括非課税贈与の適用を受けるための手続

●金融機関等での手続：教育資金口座開設時に「教育資金非課税申告書」を提出。金融機関により教育資金としての支出の事前もしくは事後に、その領収書等を提出。

●税務署での手続：教育資金口座の契約が終了した場合、非課税拠出額の残額があるときは、その残額は贈与税の課税価格に算入する。

●**贈与者が契約の終了日までに死亡した場合**：教育資金の贈与をした時期により、贈与者の死亡日における非課税拠出額の残額に対する課税関係が下記のように異なる。

　・平成31年3月31日以前の贈与：課税関係は生じない。

　・平成31年4月1日から令和3年3月31日以前の贈与：受贈者が以下①～③のいずれかに該当する場合を除き、贈与者の相続開始前3年以内に行われた贈与である場合には、相続開始時の残額を相続財産に加算する（相続税額の2割加算の対象外）。

　・令和3年4月1日からの令和5年3月31日までの贈与：受贈者が以下①～③のいずれかに該当する場合を除き、贈与者の死亡までの年数に関わらず、相続開始時の残額を相続財産に加算する。

　　なお、受贈者が贈与者の子以外の直系卑属（孫・ひ孫）である場合には、相続税額の2割加算の対象となる。

　　①　23歳未満である場合

　　②　学校等に在学している場合

　　③　教育訓練給付金の支給対象となる教育訓練を受講している場合

●令和5年4月1日以後の贈与：贈与者の死亡に係る相続税の課税価格が5億円を超えるときは受贈者が23歳未満である場合等においても相続開始時の残額を相続財産に加算する。

結婚・子育て資金の一括非課税贈与

　平成27年4月1日から令和7年3月31日までの措置として、18歳（令和4年3月31日以前に信託等をする場合には20歳）以上50歳未満の受贈者（子・孫等）の結婚・子育て資金に充てるために、その直系尊属（親、祖父母等）が金銭を拠出し、金融機関等に信託等をした場合には、受贈者1人につき1,000万円（結婚に関して支出する費用については300万円）までの金額については、贈与税が課税されない。

　なお、平成31年4月1日以後に行う贈与から、前年の受贈者の合計所得金額が1,000万円を超える場合には、この非課税制度は適用できない。受贈者が50歳に達すると、その日に口座等は終了し、非課税拠出額から結婚子育て資金支出額を控除した残額について贈与税が課税される。

　また、令和5年4月1日以後に取得する信託受益権等に係る贈与税については「一般の受贈者」の税率及び控除額（93ページ参照）を適用する。

　●管理契約終了日までに贈与者に相続が発生した場合、非課税拠出額から結婚子育て資金支出額を控除した残額がみなし相続財産として贈与者の相続税の課税価格に算入される。

　なお、令和3年4月1日以降に行う贈与から、受贈者が贈与者の子以外の直系卑属（孫・ひ孫）である場合には、相続税額の2割加算の対象となる。

贈与税 （相続時精算課税）

OUTLINE

● 受贈者が従来の暦年単位の贈与税制度に代えて、贈与税・相続税を通じた納税制度を選択できる仕組み。
● 贈与者は60歳以上の父母又は祖父母、受贈者は18歳（令和4年3月31日以前の贈与については20歳）以上の子又は孫（いずれもその年の1月1日現在）
● 受贈者は、贈与者ごとに相続時精算課税を選択できるが、一度選択すると、取下げができない。
● 贈与額（令和6年1月1日以降の贈与については、年間110万円の基礎控除を控除した後の残額）が2,500万円の特別控除額に達するまでの贈与については贈与税が課税されないが、贈与を受けた財産の価額（令和6年1月1日以降の贈与については、年間110万円の基礎控除を控除した後の残額）は、相続財産に加算され、相続時に精算される。
● 受贈者は、この制度の選択をしようとする最初の贈与を受けた年の翌年2月1日から3月15日までの間に相続時精算課税を選択する旨の届出が必要。
● 贈与税の特別控除額内の贈与でも、贈与税の申告が必要。（令和6年1月1日以降の贈与については、贈与を受けた財産の価額が年間110万円の基礎控除以下であれば、申告は不要）

税額の計算方法

贈与税額の計算

　贈与税額は、相続時精算課税を選択した年以後の各年において取得した贈与者毎の贈与財産の合計額（令和6年1月1日以降の贈与については、年間110万円の基礎控除を控除した後の残額の合計額）から、2,500万円の特別控除額（既に適用した特別控除額がある場合には、その適用額控除後の残額）を控除した後の金額に、一律20%の税率を乗じて求める。

＊令和6年1月1日以降の贈与については、「贈与財産の合計額」は、年間110万円の基礎控除を控除した後の残額の合計額のことです。

● 特別控除額は、2,500万円に達するまで、複数年にわたり控除できる。したがって、相続時精算課税選択後の贈与額の累計額（令和6年1月1日以降の贈与については、年間110万円の基礎控除を控除した後の残額）が2,500万円に達するまでの贈与には、贈与税は課税されない。
● 相続時精算課税を選択した贈与者からの贈与は、従来の贈与税の基礎控除110万円の控除はできない。

相続税額の計算

　相続税額は、相続時精算課税を選択した年以後の各年において取得した贈与財産の合計額（令和6年1月1日以降の贈与については、年間110万円の基礎控除を控除した後の残額の合計額）と相続により取得した相続財産の合計額との合算額を課税価格とし、この課税価格を基にして相続税の課税方式（法定相続分による遺産取得課税方式）によって算出した相続税額から、既に支払った相続時精算課税に係る贈与税額を控除した額とする。なお、贈与財産の価額は、各贈与時の時価（相続税評価額）による。（相続時精算課税に係る贈与により取得した一定の土地又は建物について、令和6年1月1日以後に生じた災害により一定以上の被害を受けた場合には、その贈与時の時価から被害を受けた部分に相当する額を控除する。）
　相続税額から控除しきれない贈与税額がある場合には、その控除しきれない贈与税額は、相続税の申告をすることによって還付を受けることができる。

【相続税額の求め方】

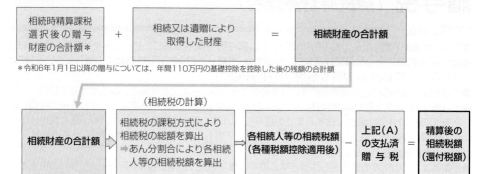

＊令和6年1月1日以降の贈与については、年間110万円の基礎控除を控除した後の残額の合計額

相続時精算課税選択届出書の提出

相続時精算課税を選択する場合には、贈与税の申告期間内（翌年2月1日から3月15日まで）に、「贈与税の申告書」に「相続時精算課税選択届出書」及び次に掲げる書類を添付して、納税地の所轄税務署長宛に提出しなければならない。（令和6年以降に相続時精算課税を初めて選択する年分の贈与が年間110万円の基礎控除以下の場合には、「贈与税の申告書」の提出は必要ない。）ただし、贈与者が年の中途において死亡した場合には、贈与税の申告期限か相続税の申告期限のいずれか早い日までに、その贈与者の相続税の納税地の所轄税務署長宛に「相続時精算課税選択届出書」を提出する。

相続時精算課税選択届出書の添付書類

① 受贈者の戸籍謄本又は抄本その他の書類で、受贈者の氏名、生年月日及び受贈者が贈与者の子又は孫であることを証する書類
② 受贈者の戸籍の附票の写しその他の書類で、受贈者が18歳（令和4年3月31日以前の贈与については20歳）到達時以後の住所・居所を証する書類
③ 特定贈与者の住民票の写しその他の書類で、特定贈与者の氏名、生年月日及び特定贈与者の60歳に達した時以後の住所又は居所を証する書類

 相続時精算課税を選択する場合の注意点

相続時精算課税を選択する場合は、相続時に相続人間でのトラブルの発生が予測される。これを未然に防ぐ方策を講じたうえで、贈与を行う必要がある。
●遺留分相当額を生前贈与するなど、遺留分の侵害額請求権への対応策を講じておく。
●相続財産がないのに相続税の支払義務が発生する場合、相続税の連帯納付義務に注意。

 ●相続時精算課税を選択して土地や建物等を子に贈与した場合、贈与者毎の贈与財産の合計額（令和6年1月1日以降の贈与については、年間110万円の基礎控除を控除した後の残額の合計額）が2,500万円に達するまでは贈与税は課税されないが、贈与により取得した土地や建物等について、子が所有権の移転登記をする場合の登録免許税（国税）や不動産取得税（地方税）は、課税されることになるので要注意。

相続時精算課税のケーススタディQ＆A

ケース1．贈与を受けた場合の適用手続

相続時精算課税を選択する場合の適用手続は、どうするか。

A　相続時精算課税を選択する旨の届出等がいる。

相続時精算課税を選択しようとする受贈者（子又は孫）が、贈与者（父母又は祖父母）から最初の贈与を受けた年の翌年2月1日から3月15日までの間に「贈与税の申告書」に、「相続時精算課税選択届出書」や受贈者の戸籍謄本などを添付して、納税地の所轄税務署長に提出するだけで手続は完了する。（令和6年以降に相続時精算課税を初めて選択する年分の贈与が年間110万円の基礎控除以下の場合には、「贈与税の申告書」の提出は必要ない。）この制度を選択すると、その後は、選択した贈与者からの贈与について従来の制度に変更することはできない。

ケース2．養子縁組をした子の制度適用の可否

養子縁組をした子は、相続時精算課税を選択できるか。

A　できる。

養子制度は、養親の老後の扶養や遺産相続の後継者の確保などを目的として設けられたものであり、養子縁組のあった日から一親等の法定血族として、実子と同じ身分となる。

相続時精算課税の適用対象者は、贈与者の子又は孫（その年1月1日に18歳以上（令和4年3月31日以前の贈与については20歳以上）である者に限る）とされているので、その年1月1日に、その養子が18歳以上（令和4年3月31日以前の贈与については20歳以上）で、その養親が60歳以上であれば、その養子は相続時精算課税制度を適用できる。

ケース3．被相続人死亡時の過去の贈与税の申告内容の確認方法

相続発生時に、過去の贈与税の申告内容の確認をしたいが、どうすればよいか。

A　税務署長に必要書類の開示請求をする。

相続人等が、被相続人の死亡時の住所地の税務署長に対して、相続税の申告に際して必要になる、他の共同相続人等の過去の贈与税の申告内容の開示請求をすれば、請求後2か月以内に、他の共同相続人等の贈与税の課税価格の合計額を開示してくれる。

ただし、その請求は相続開始年の3月16日以後にしなければならない。

ケース4．贈与をした者より贈与を受けた者が先に亡くなった場合

相続時精算課税を選択した受贈者が、その贈与者より先に死亡した場合は、どうなるか。

A　その相続人が、贈与財産の納税に係る権利・義務を引き継ぐ。

相続時精算課税適用者が、その贈与者より先に死亡した場合は、相続時精算課税適用者の相続人が、その贈与財産の納税に係る権利や義務を承継することになる。ただし、その相続人の中にその贈与者がいる場合は、その贈与者は、その贈与財産の納税に係る権利・義務を引き継がない。

また、その相続人が限定承認をしたときは、その相続によって取得した財産の限度内でのみ納税に係る権利義務を承継する。

ケース5．小規模宅地等の課税価格の特例

> 贈与により取得した土地について相続時精算課税を選択した場合、小規模宅地等の課税価格の特例の適用が可能か。

A **小規模宅地等の課税価格の特例は、適用できない。**

　一定の小規模宅地等を相続した場合、一定面積までの部分について、宅地の相続税評価額から80％又は50％相当額を減額した金額を課税価格とすることとされている（77ページ参照）。

この小規模宅地等の相続税の課税価格の計算の特例は、相続又は遺贈により取得した財産について評価額を減額することとされている。したがって、贈与により取得した財産は、この特例の適用対象にはならないので、相続時精算課税を選択して贈与を受けた土地については、この小規模宅地等の相続税の課税価格の計算の特例は、適用できない。

ケース6．養子縁組の解消

> 相続時精算課税の適用を受けていた養子が、養子縁組を解消した場合、どうなるか。

A **養子縁組解消後も、相続時精算課税は継続される。**

　相続時精算課税適用者が、その贈与者の子又は孫でなくなった場合でも、その贈与者から取得した財産については、相続時精算課税が継続適用される。

したがって、養子縁組が解消されたとしても、将来の相続時には、その養子であった者も相続税の申告が必要であり、相続税が算出されれば、その相続税の納付義務がある。

ケース7．贈与財産の物納

> 相続時精算課税の適用を受けて取得した贈与財産につき、相続税の物納を選択することは可能か。

A **物納できない。**

　相続税は一括現金納付が原則。それが困難である場合に延納が認められており、その延納によっても現金納付が困難である場合に限り、その困難とする金額を限度として物納が認められている。

この物納に充てる財産は、納税義務者の相続税の課税価格計算の基礎となった財産（その財産によって取得した財産を含む）とされており、相続時精算課税の適用を受けて取得した財産を除くこととされている。したがって、相続時精算課税を選択して取得した贈与財産の物納はできない。

住宅取得等資金贈与の特例

OUTLINE

- ●住宅取得等資金とは、一定の住宅用家屋の新築、取得又は増改築等の対価に充てるための金銭をいう。
- ●相続時精算課税は、60歳以上の父母又は祖父母からの贈与が適用対象になるが、住宅取得等資金の贈与を受けた場合の相続時精算課税の特例により、一定の要件を満たす住宅取得等資金の贈与については、贈与者の年齢要件が撤廃される（60歳未満の父母又は祖父母からの贈与も相続時精算課税の適用対象になる）。
- ●平成27年1月1日から令和5年12月31日までの間に、直系尊属から住宅取得等資金の贈与を受けた場合には、新築等をする住宅用家屋の省エネ・耐震性・高齢者配慮性の有無に応じ、一定の金額まで贈与税を非課税とする特例がある。
  ➡ 直系尊属から住宅取得等資金の贈与を受けた場合の贈与税の非課税制度（63ページ参照）
- ●直系尊属から住宅取得等資金の贈与を受けた場合の贈与税の非課税は、暦年贈与・相続時精算課税を問わずに適用を受けることが可能。

住宅取得等資金の贈与を受けた場合の相続時精算課税の特例

　18歳以上（その年の1月1日現在（令和4年3月31日以前ついては20歳以上））の子又は孫が、父母又は祖父母（年齢制限なし）からの資金贈与によって自己の居住の用に供する一定の家屋の取得又は一定の増改築を行った場合、その住宅取得等資金の贈与について相続時精算課税の適用を選択することができる。

　この場合の特別控除額は、通常の相続時精算課税と同様に2,500万円。

注意
- ●住宅取得等資金受贈者の配偶者やその受贈者と特別の関係にある、次に掲げる者からの取得等又は増改築等は、適用除外。
  ① 住宅取得等資金受贈者の直系血族
  ② 住宅取得等資金受贈者の親族（配偶者及び直系血族を除く）で、その受贈者と生計を一にしているもの
  ③ 住宅取得等資金受贈者と内縁関係にある者及びその者と生計を一にしているその親族
  ④ 住宅取得等資金受贈者の配偶者及び上記①～③以外の者でその受贈者から受ける金銭等によって生計を維持している者及びその者と生計を一にしているその親族

住宅の入居時期
- ●贈与を受けた年の翌年3月15日において居住の用に供している場合のほか、居住の用に供することが確実な場合についても適用を受けることができる。ただし、贈与を受けた年の翌年の年末までに居住していない場合は、この特例の適用を受けることができない。

●相続時精算課税と住宅取得等資金贈与の特例の相違点

区分／要件		相続時精算課税		非課税制度
		通常の場合	特例の場合	
年齢の制限	贈与者	60歳以上	年齢制限なし	年齢制限なし
	受贈者	18歳以上（令和4年3月31日以前については、その年1月1日において20歳以上）		
贈与財産		種類問わず	住宅取得等資金のみ	
特別控除額		2,500万円	2,500万円	省エネ・耐震性・高齢者配慮性の有無、売買契約等の締結時期の区分に応じ、非課税枠が異なる（65ページ参照）。
適用期間		恒久的措置	H15.1.1～R5.12.31	H27.1.1～R5.12.31
記載ページ		57ページ	61ページ	63ページ

＊上記非課税制度は、暦年課税・相続時精算課税を問わず、どちらでも適用可能。

（1）適用要件等

要　件	内　容
適用期間	平成15年1月1日〜令和5年12月31日
贈与資金の使途	住宅取得等資金の贈与を受けた特定受贈者（贈与者の子又は孫）が、その住宅取得等資金の贈与を受けた年の翌年3月15日までに、その住宅取得等資金の全額で、次に掲げる住宅用家屋の取得等又は増改築等を行い、その者の居住の用に供したとき又は居住の用に供することが確実であると見込まれるとき（贈与した年の翌年の年末までに居住していること） ●住宅の新築又は新築住宅の取得（＊） （＊1）その住宅用家屋等の取得とともにするその敷地である土地等の取得を含む。 （＊2）先行してその敷地の用に供されることとなる土地等の取得を含む（ただし、翌年3月15日までに住宅用家屋の新築がされている必要有）。 ●既存住宅の取得（その住宅用家屋の取得とともにするその敷地である土地等の取得を含む） ●所有家屋の増改築等 特定受贈者の配偶者その他の特定受贈者と特別の関係にある一定の者との請負契約その他の契約に基づき取得等又は増改築等をする場合は、この特例は適用できない。
適用対象者	住宅取得等資金の贈与を受けた者は、次の要件を満たす者であること ① 贈与を受けた時に、日本に住所を有する一時居住者でない者又は一時居住者である者（＊） ② 贈与を受けた時に、日本に住所を有しない日本国籍を有する個人で当該贈与前10年以内のいずれかの時においてこの法律の施行地に住所を有していたことがあるもの若しくは当該贈与前10年以内のいずれの時においてもこの法律の施行地に住所を有していたことがないもの（＊）又は日本国籍を有しない個人（＊） （＊）贈与者が日本に住所を有している場合に限る。 ③ 資金を贈与した者（父母又は祖父母）の子又は孫（贈与を受けた年の1月1日現在で18歳以上（令和4年3月31日以前の贈与については20歳以上）である者に限る） ④ 贈与を受けた者が相続時精算課税適用者であること
適用対象家屋 住宅等	取得した住宅等は、次の要件を満たしているものであること ●家屋の床面積の2分の1以上が受贈者の居住用であること ●家屋の床面積（区分所有の場合は、区分所有部分の床面積）が40㎡（＊）以上であること ●既存住宅の場合は、さらに次の要件を満たしていること 新耐震基準に適合している住宅用家屋（登記簿上の建築日付が昭和57年1月1日以降の家屋については、新耐震基準に適合している住宅用家屋とみなす） （注）築年数要件は撤廃
適用対象家屋 増改築等	増改築、大規模の修繕又は模様替は、次の要件を満たしているものであること ●増改築等の工事費用（居住用部分以外の工事がある場合は、居住用部分の費用が総費用の2分の1以上であること）が100万円以上であること ●増改築後の住宅の床面積（区分所有の場合は、区分所有部分の床面積）が40㎡以上であること ●増改築後の家屋の床面積の2分の1以上が居住用であること ●さらに次のいずれかの要件を満たしていること イ 区分所有の場合は、区分所有部分の床、階段、間仕切壁、主要構造部の壁の室内に面する部分の過半の修繕又は模様替えであること ロ 居室、調理室、浴室、便所その他の室の床又は壁の全部について行う修繕又は模様替えであること ハ 耐震基準に適合させるための家屋の修繕又は模様替えであること
特別控除限度額	2,500万円

●贈与税額の計算方法については、前記「相続時精算課税」に同じ（57ページ）

（2）特例の適用を受けるための添付書類

　贈与を受けた年の翌年2月1日から3月15日までの間に、贈与税の期限内申告書にこの特例の適用を受けようとする旨の記載をしたうえ、次に掲げる書類を添付して税務署に提出する。

① この特例による贈与税額の計算明細書
② 相続時精算課税選択届出書及び届出書を提出するための添付書類（58ページ）
③ 住宅取得等資金の贈与により取得した住宅の登記事項証明書（登記簿謄本又は抄本）
④ 取得した住宅用家屋等に係る工事請負契約書又は売買契約書
⑤ その他、贈与を受けた年の翌年3月15日までに居住していない場合や、増改築の場合は更に一定の書類の添付が必要

直系尊属から住宅取得等資金の贈与を受けた場合の贈与税の非課税制度

　平成27年1月1日から令和5年12月31日までの間に、その年1月1日において18歳以上（令和4年3月31日以前は20歳以上）である者が、自己の居住の用に供する一定の家屋の新築もしくは取得又は自己の居住の用に供する家屋の一定の増改築（これらとともにするこれらの家屋の敷地の用に供されている土地又は土地の上に存する権利の取得を含む）のための資金を、その直系尊属からの贈与により取得した場合には、一定の金額まで、贈与税が非課税とされる。

（1）適用要件等

要　件	内　　容
適用期間	平成27年1月1日〜令和5年12月31日
住宅取得等資金の使途	直系尊属から住宅取得等資金の贈与を受けた受贈者が、その住宅取得等資金の贈与を受けた年の翌年3月15日までに、その住宅取得等資金の全額で、次に掲げる住宅用家屋の取得等又は増改築等を行い、その者の居住の用に供したとき又は居住の用に供することが確実であると見込まれるとき（贈与した年の翌年の年末までに居住していること。ただし、災害により居住の用に供することができなかったときは、要件が免除又は期限が延長される） ●住宅の新築又は新築住宅の取得（＊） （＊1）その住宅用家屋等の取得とともにするその敷地である土地等の取得を含む。 （＊2）先行してその敷地の用に供されることとなる土地等の取得を含む（ただし、翌年3月15日までに住宅用家屋の新築がされている必要有り）。 ●既存住宅の取得(その住宅用家屋等の取得とともにするその敷地である土地等の取得を含む) ●所有家屋の増改築等 ただし、特定受贈者の配偶者その他の特定受贈者と特別の関係にある一定の者との請負契約その他の契約に基づき取得等又は増改築等をする場合は、この特例は適用できない。
適用対象者	住宅取得等資金の贈与を受けた個人で、次の要件を満たす者であること ① 贈与を受けた時に、日本に住所を有する一時居住者でない者又は一時居住者である者（＊） ② 贈与を受けた時に、日本に住所を有しない日本国籍を有する個人で当該贈与前10年以内のいずれかの時においてこの法律の施行地に住所を有していたことがあるもの若しくは当該贈与前10年以内のいずれの時においてもこの法律の施行地に住所を有していたことがないもの（＊）又は日本国籍を有しない個人（＊） （＊）贈与者が日本に住所を有している場合に限る。 ③ 直系尊属から住宅取得等資金の贈与を受けた者 ④ 贈与を受けた年の1月1日現在18歳以上（令和4年3月31日以前は20歳以上）である者 ⑤ 贈与を受けた年分の合計所得金額が2,000万円以下である者

適用対象家屋	住宅等	取得した住宅等は、次の要件を満たしているものであること ●家屋の床面積の2分の1以上が受贈者の居住用であること ●家屋の床面積（区分所有の場合は、区分所有部分の床面積）が50㎡（令和3年1月1日以後の贈与で、贈与を受けた年分の合計所得金額が1,000万円以下の場合には40㎡）以上240㎡以下であること（東日本大震災の被災者については、240㎡超でも、可） ●既存住宅の場合は、さらに次の要件を満たしていること 　新耐震基準に適合している住宅用家屋（登記簿上の建築日付が昭和57年1月1日以降の家屋については、新耐震基準に適合している住宅用家屋とみなす） （注）築年数要件は撤廃
適用対象家屋	増改築等	増改築、大規模の修繕又は模様替は、次の要件を満たしているものであること ●増改築等の工事費用(居住用部分以外の工事がある場合には、居住用部分の費用が総費用の2分の1以上であること)が100万円以上であること ●増改築後の床面積（区分所有の場合は、区分所有部分の床面積）が50㎡（令和3年1月1日以後の贈与で、贈与を受けた年分の合計所得金額が1,000万円以下の場合には40㎡）以上240㎡以下であること（東日本大震災の被災者については、240㎡超でも、可） ●増改築後の家屋の床面積の2分の1以上が居住用であること ●さらに次のいずれかの要件を満たしていること 　イ　区分所有の場合は、区分所有部分の床又は壁の全部についての修繕又は模様替であること 　ロ　居室、調理室、浴室、便所その他の室の床又は壁の全部について行う修繕又は模様替であること 　ハ　耐震基準に適合させるための家屋の修繕又は模様替であること

(2) 非課税枠

① 住宅用家屋の取得等に係る対価の額又は費用の額に含まれる消費税等の税率が10%である場合

住宅用家屋の取得等に係る契約の締結期間	省エネ等住宅	左記以外の住宅
平成31年4月〜令和 2年 3月	3,000万円	2,500万円
令和 2年4月〜令和 3年12月	1,500万円（＊1）	1,000万円（＊2）
令和 4年1月〜令和 5年12月	1,000万円（＊1）	500万円（＊2）

（＊1）東日本大震災の被災者の非課税枠は、1,500万円
（＊2）東日本大震災の被災者の非課税枠は、1,000万円

② 上記①以外の場合

住宅用家屋の取得等に係る契約の締結期間	省エネ等住宅	左記以外の住宅
〜平成27年12月	1,500万円	1,000万円
平成28年1月〜令和 2年 3月	1,200万円（＊3）	700万円（＊4）
令和 2年4月〜令和 5年12月	1,000万円（＊3）	500万円（＊4）

（＊3）東日本大震災の被災者の非課税枠は、1,500万円
（＊4）東日本大震災の被災者の非課税枠は、1,000万円

●適用する非課税枠について、令和3年12月以前は、贈与年ではなく売買契約等の契約締結日が上記表のどの区分に当てはまるかで判断する。一方、令和4年1月以降は、売買契約等の契約締結日ではなく、贈与日で判断する。
●既に非課税の特例の適用を受けて贈与税が非課税となった金額がある場合には、その金額を控除した残額が非課税限度額となる。ただし、上記①の表（平成31年4月〜令和2年3月、令和2年4月〜令和3年12月）における非課税限度額は、平成31年3月31日までに住宅用家屋の取得等に係る契約を締結し、既に非課税の特例の適用を受けて贈与税が非課税となった金額がある場合でも、その金額を控除する必要はない。

〈省エネ等住宅の要件〉

　次のいずれかに該当する場合は、省エネ等住宅として取り扱われる。

●省エネ基準

　新築住宅の場合、国土交通省の断熱等性能等級4の基準又は一次エネルギー消費量等級4若しくは等級5の基準に適合していること

●耐震基準

　国土交通省の耐震等級2若しくは等級3の基準に適合していること、又は、国土交通省の免震建築物の基準に適合していること

●高齢者配慮基準

　高齢者等配慮対策等級3，等級4又は等級5の基準に適合していること

（3）適用を受けるための手続

　贈与を受けた年の翌年2月1日から3月15日までの間に、贈与税の期限内申告書にこの特例の適用を受けようとする旨の記載をしたうえ、次に掲げる書類を添付して税務署に提出する。

①　この特例による贈与税額の計算明細書

②　特定受贈者の戸籍の謄本その他の書類で特定受贈者の氏名、生年月日及び贈与者が特定受贈者の直系尊属に該当することを証する書類

③　住宅取得等資金の贈与により取得した住宅の登記事項証明書（登記簿謄本又は抄本）

④　取得した住宅用家屋等に係る工事請負契約書又は売買契約書

⑤　源泉徴収票などの特定受贈者の適用年分の所得税の合計所得金額を明らかにする書類（所得税の確定申告書を提出した人は、その提出した年月日及び税務署名を贈与税の申告書に記入することにより、別途「合計所得金額を明らかにする書類」を提出する必要はない）

⑥　その他、贈与を受けた年の翌年3月15日までに居住していない場合や、増改築等の場合は更に一定の書類が必要

⑦　省エネ等住宅としてこの特例の適用を受ける場合は、住宅性能証明書又は建設住宅性能評価書の写し（新築住宅は、認定住宅の認定通知書の写し及び認定住宅の証明書の写しでも、可）の添付が必要

●この特例は、暦年課税、相続時精算課税ともに適用可能。

●平成26年以前に旧法に基づきこの特例の適用を受けたことがある場合は、平成27年以降の住宅取得等資金の贈与については、この特例の適用を受けることができない。

相続税

OUTLINE

- ●相続税は、相続又は遺贈によって取得した財産にかかる国税。
- ●法定相続人は、故人（被相続人）の配偶者及び子や親など。配偶者は常に相続人になるが、その他の法定相続人には一定の順序が決められている。
- ●民法には法定相続分の規定があるが、遺言や相続人間の協議によっては異なる相続分で相続財産を分割できる。また、相続人間の協議がまとまらない場合は家庭裁判所に調停や審判を求めることができる。
- ●遺言により相続財産を取得する場合でも、兄弟姉妹以外の相続人には遺留分が認められる。
- ●相続人は相続を放棄したり、限定承認したりすることもできる。

相続、遺贈とは

- ●相続とは、人の死亡によって一定の人が故人（被相続人）の財産についての一切の権利義務を承継することをいう。この場合、被相続人の一身に専属したもの、例えば、年金受給権などは含まれない。
- ●遺贈とは、遺言により財産の全部又は一部を無償で与える行為をいう。
- ●贈与者の死亡によって効力が生じる贈与は、遺贈と同じように扱われる（死因贈与）。

法定相続人と法定相続分

●民法上、遺産を相続できる人（法定相続人）とその順位は、次のとおり。

配偶者がいる場合

順　位	法定相続人	法定相続分
第1位	配偶者と子	配偶者　1／2 子　　　1／2
第2位 子がいないとき	配偶者と 直系尊属	配偶者　　2／3 直系尊属　1／3
第3位 子、直系尊属ともいないとき	配偶者と 兄弟姉妹	配偶者　　3／4 兄弟姉妹　1／4
その他 子、直系尊属、兄弟姉妹ともいないとき	配偶者のみ	配偶者　　全部

配偶者がいない場合

順　位	法定相続人	法定相続分
第1位	子	子　全部
第2位 子がいないとき	直系尊属	直系尊属 全　部
第3位 子、直系尊属ともいないとき	兄弟姉妹	兄弟姉妹 全　部

注意

- ●子（非嫡出子を含む）、直系尊属、兄弟姉妹が2人以上いる場合、各人の相続分は均等。ただし、父母の一方だけが同じ兄弟姉妹は、双方が同じ兄弟姉妹の2分の1となる。
- ●子が既に死亡しているときは、その子の直系卑属（孫など）が代襲相続する。兄弟姉妹が既に死亡しているときは、その子のみが代襲相続する。

相続財産の分け方

　相続人が複数人いるとき、相続財産はその共有に属する。その後、法定相続分などを参考に遺産を分割する。分割の方法には、次の3つの方法がある。

遺言による方法

　被相続人の遺言があれば、それに従って分割する。ただし、一定の相続人には遺留分が認められる。

相続人の協議による方法

　遺言がない場合、共同相続人の間で自由に決めることができる。

家庭裁判所の調停や審判による方法 ---
共同相続人の間での分割協議がまとまらない場合、家庭裁判所に調停や審判の手続を請求できる。

遺留分

兄弟姉妹以外の相続人（配偶者、子、直系尊属）には、次の遺留分が認められている。
- 直系尊属のみが相続人である場合……遺産の1／3
- その他の場合…………………………遺産の1／2

注意
- 遺留分権利者は、遺留分の侵害があったことを知ってから1年以内、又は相続開始から10年以内に請求を行わなければ時効となる。
- 相続後、遺留分を請求するかどうかは自由。ただし、相続前に遺留分を放棄する場合は、家庭裁判所の許可が必要。
- 民法の改正により、令和元年7月1日から遺留分侵害額請求権から生ずる権利は金銭債権となる。この改正により遺留分権利者は金銭でしか遺留分侵害額を請求できない。

放棄と限定承認

相続人は原則として相続があったことを知ってから3か月以内に、単純承認、放棄、限定承認のどれかを選ばなければならない。

単純承認	被相続人の権利義務を無限に承継するもの
放棄	相続人としての権利を放棄するもの
限定承認	相続によって得た財産の限度においてのみ被相続人の債務や遺贈を弁済するもの

＊放棄・限定承認については、家庭裁判所の手続が必要。

相続税の計算

OUTLINE

- 相続税の対象となるのは、相続や遺贈によって取得した金銭に見積もることのできるすべての財産。民法上の相続財産に該当しなくても、実質的に同じとみなして課税されるもの（みなし相続財産）がある。
- 相続財産から非課税財産、債務や葬式費用を差し引き、また3年以内（令和6年1月1日以後に贈与により取得する財産については、7年以内）の贈与財産及び相続時精算課税適用財産を加えたものが正味の遺産額となる。各人の遺産額の合計が基礎控除以下であれば、相続税はかからない。
- 相続税の総額は、法定相続人が法定相続分で相続したものとして一人ずつの税額を算出し、それらを合計して求める。実際の分け方とは関係なく、法定相続分で相続したとして相続税の総額を計算する。
- 各相続人の納付税額は、実際に相続した遺産の割合に応じて相続税の総額を按分した後、各種の加算や控除を行って求める。
- 相続税の申告と納付は、相続の開始があったことを知った日の翌日から10か月以内に、被相続人の死亡時の住所地の税務署で行う。納付にあたっては、延納や物納が認められる場合がある。

相続税のかかる財産

相続税の課税対象となる財産には、相続や遺贈によって取得した「本来の相続財産」と、相続や遺贈によって取得したとみなされる「みなし相続財産」がある。

（1）本来の相続財産
現金、預金、不動産など金銭で評価できるすべてのもの

（2）みなし相続財産
民法上の相続や遺贈によって取得したものではないが、実質的にこれと同じ経済的効果があるもの

① 生命保険金など
　被相続人の死亡によって支払われるもので、被相続人が保険料を支払っていたものに限る。
② 退職手当金など
　被相続人の死亡によって取得した、被相続人に支払われるべきであった退職手当金、功労金など
③ 生命保険契約に関する権利
④ 定期金に関する権利
⑤ 保証期間付定期金に関する権利
⑥ 契約に基づかない定期金に関する権利　等

相続税のかからない財産

相続財産であっても、次のものは課税の対象とならない。
① 墓地、墓石、神棚、仏壇、位牌など（商品や骨董品、投資対象として所有しているものは除く）
② 公益事業用財産
③ 心身障害者扶養共済制度に基づく給付金の受益権
④ 国、地方公共団体、公益法人等に寄付した相続財産
⑤ 認定ＮＰＯ法人等の行う特定非営利活動事業用に寄付した相続財産
⑥ 相続人が取得した生命保険金等のうち一定額の部分（500万円×法定相続人の数）に相当する額
⑦ 相続人が取得した退職手当金等のうち一定額の部分（500万円×法定相続人の数）に相当する額

相続税の計算

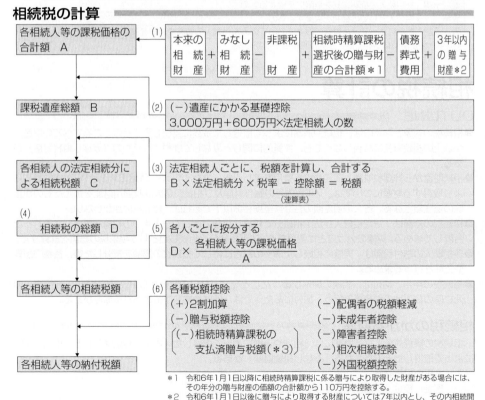

各相続人等の課税価格の合計額　A	(1)	本来の相続財産 ＋ みなし相続財産 － 非課税財産 ＋ 相続時精算課税選択後の贈与財産の合計額＊1 ＋ 債務葬式費用 ＋ 3年以内の贈与財産＊2
課税遺産総額　B	(2)	（－）遺産にかかる基礎控除 3,000万円＋600万円×法定相続人の数
各相続人の法定相続分による相続税額　C	(3)	法定相続人ごとに、税額を計算し、合計する B × 法定相続分 × 税率 － 控除額 ＝ 税額 （速算表）
(4)　相続税の総額　D	(5)	各人ごとに按分する D × 各相続人等の課税価格 ／ A
各相続人等の相続税額	(6)	各種税額控除 （＋）2割加算　　　　　　　　（－）配偶者の税額軽減 （－）贈与税額控除　　　　　　（－）未成年者控除 ｛（－）相続時精算課税の　　　（－）障害者控除 　　　支払済贈与税額（＊3）｝　（－）相次相続控除 　　　　　　　　　　　　　　　（－）外国税額控除
各相続人等の納付税額		

＊1　令和6年1月1日以降に相続時精算課税に係る贈与により取得した財産がある場合には、その年分の贈与財産の価額の合計額から110万円を控除する。
＊2　令和6年1月1日以後に贈与により取得する財産については7年以内とし、その内相続開始4年前から7年前までの間に贈与により取得した財産については、その財産の価額の合計額からは100万円を控除した金額とする。
＊3　相続時精算課税の支払済贈与税額 ＞ 各相続人等の相続税額 の場合、控除しきれない贈与税額は、還付される。

（1）第1段階／「課税価格の合計額（正味の遺産額）」を求める

　　相続税を計算する第1段階は「課税価格の合計額」、つまり相続税のかかる「正味の遺産額」を確定する。相続や遺贈によって財産を取得した人すべての財産について、次の式で課税価格を求め、それらを合計する。

本来の相続財産 ＋ みなし相続財産 － 非課税財産 ＋ 相続時精算課税選択後の贈与財産の合計額 － 債務葬式費用 ＋ 3年以内の贈与財産 ＝ 各相続人等の課税価格の合計額

注意
- ●「債務」には、国税や地方税が含まれる。
- ●「葬式費用」には、香典返し、墓碑や墓地の費用、法会にかかった費用などは含まれない。
- ●相続時精算課税適用者は、この制度を選択した年以後に受けたすべての贈与財産の価額を「本来の相続財産」の価額に加算する（58、67ページ参照）。（令和6年1月1日以後に相続時精算課税に係る贈与により取得した財産についてはその年分の価額から110万円控除する。）
- ●「相続開始前3年以内の贈与財産」は、贈与された時点における基礎控除額（110万円）を控除する前の価額による。ただし、直系尊属から住宅取得等資金の贈与を受けた場合の贈与税の非課税（63ページ参照）、教育資金の一括非課税贈与（55ページ参照）、結婚・子育て資金の一括非課税贈与（56ページ参照）、贈与税の配偶者控除（55ページ参照）については、各種特例適用後の価額。（令和6年1月1日以後に贈与により取得する財産については7年以内とし、その内相続開始4年前から7年前までの間に贈与により取得した財産については、上記各種特例適用後の価額の合計額からは100万円を控除した金額とする。）

（2）第2段階／「相続税の基礎控除」を差し引く

　　第2段階では、同じ被相続人から相続や遺贈で財産を取得した人全員の「課税価格」を合計し、そこから次の基礎控除を差し引いて「課税遺産総額」を求める。

課税価格の合計額 － ┌──── 遺産にかかる基礎控除額 ────┐ 3,000万円＋（600万円×法定相続人の数） ＝ 課税遺産総額

法定相続人が養子の場合
　　「法定相続人の数」には、相続を放棄した人も含む。ただし、養子については、実子がない場合2人、実子がある場合1人までしか認められない（特別養子や連れ子養子などは除く）。また、相続税の負担を不当に減少させる結果となる場合、養子を「法定相続人の数」に算入しないこともある。

（3）第3段階／「各相続人の法定相続分による相続税額」を求める

　　第3段階では、「課税遺産総額」を各相続人が法定相続分で分けたものと仮定し、各人の相続税額を求める。

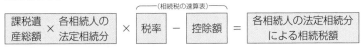

課税遺産総額 × 各相続人の法定相続分 × ┌─（相続税の速算表）─┐ 税率 － 控除額 ＝ 各相続人の法定相続分による相続税額

（4）第4段階／「相続税の総額」を求める

　　第4段階では、相続人が法定相続分で分けたと仮定して求めた税額を合計する。この「相続税の総額」は、相続財産の実際の分け方に関係なく一定となる。

（5）第5段階／「各相続人の相続税額」を求める

　　第5段階では、「相続税の総額」を、実際に各相続人が相続や遺贈で取得した財産（課税価格）の割合によって分ける。

　　これが各人の「相続税額」になる。

$$\boxed{\text{相続税の総額}} \times \frac{\text{各相続人等の課税価格}}{\text{課税価格の合計額}} = \boxed{\text{各相続人等の相続税額}}$$

（6）第6段階／「各種税額控除」を行う

　　第6段階では、各人の『相続税額』に各種の加算や控除を行い、実際に納付する税額を求める。加算や控除には、次表のようなものがある。

★各種税額控除

加算・控除項目	内　容
① 相続税額の加算	被相続人の子（被相続人の養子となっている孫で代襲相続人でない孫を除く）、父母、配偶者以外の者の相続税額は20%割増しする。
② 贈与税額控除	相続の開始前3年以内（令和6年1月1日以後に贈与により取得する財産については、7年以内）に被相続人から贈与された財産や相続時精算課税を選択して贈与を受けた財産は、第1段階で『課税価格』を求める時に含まれており、贈与税と相続税の二重課税となる。これを避けるため、支払済の贈与税額を控除する。
③ 配偶者の税額軽減	配偶者については、「課税価格の合計額」のうち、法定相続分（法定相続分が1億6,000万円に満たない場合は、1億6,000万円）に対応する税額が軽減される。つまり、配偶者は法定相続分あるいは1億6,000万円までの遺産を相続しても相続税は生じない。
④ 未成年者控除	相続又は遺贈により財産を取得した者が、法定相続人であり、かつ、18歳未満の者である場合、18歳に達するまでの年数に10万円を乗じた額を控除する。なお、令和4年3月31日以前の相続については、18歳が20歳となる。
⑤ 障害者控除	相続又は遺贈により財産を取得した者が、法定相続人であり、かつ、障害者である場合、85歳に達するまでの年数に10万円（特別障害者は20万円）を乗じた額を控除する。
⑥ 相次相続控除	被相続人が相続の開始前10年以内に財産（相続時精算課税を選択した年以後に贈与により取得した財産を含む）を取得して相続税を支払っていた場合、所定の額が控除される。
⑦ 外国税額控除	外国にある財産を相続や遺贈で取得し、その国で相続税に相当する税額を支払っているときは、その税額を控除する。

注意

●被相続人と養子縁組をした被相続人の孫（代襲相続人を除く）は、相続税額の20%割増しの対象者となる。

相続税の申告と納税

OUTLINE

●相続や遺贈で財産を取得した人たちの「課税価格の合計額」（小規模宅地等の特例適用前）が相続税の「基礎控除額」を超え、納付税額（配偶者の税額軽減の適用がないものとした場合の金額）がある場合、申告が必要。
●申告期限は、相続の開始があったことを知った日の翌日から10か月以内。
●申告書の提出先は、被相続人が死亡した時の住所地の所轄税務署。
●税額が10万円を超える場合には、申請により担保を提供し、延納できる。
●相続税を金銭で納付することが困難な場合、一定の条件を満たせば物納できる。

申告書を提出しなければならない人

次の2つの条件にあてはまる人は、相続税の申告が必要。

> ① 「課税価格の合計額」（小規模宅地等の特例適用前）＞「相続税の基礎控除額」である場合
> ② 「相続税の総額」を按分し、各種の加算や控除を行った後、納付すべき税額がある場合

●配偶者の税額軽減や小規模宅地等の特例などを利用する場合は、納付税額がない場合でも、申告が必要。

申告書の提出期限

相続の開始があったことを知った日の翌日から10か月以内。提出先は、被相続人が死亡した時に住んでいた住所地の所轄税務署。なお、申告書には所定の書類を添付しなければならない。

●相続税の申告期限までに遺産分割が成立していない場合でも、法定相続分で計算し、申告しなければならない。後日、分割が決まったら修正申告又は更正の請求をすることができる。

相続税の納付

申告書の提出期限までに、申告書に記載した税額を納付しなければならない。遅れた場合は、次の割合で延滞税がかかる。

●不納付の場合の延滞税の計算方法

（1）平成25年12月31日以前の期間に対応する延滞税
① 納付の期限から2か月以内の期間 ➡ 年7.3% と 特例基準割合 とのいずれか低い割合
　＊特例基準割合とは、前年11月30日に日本銀行が定める基準割引率に、年4％の割合を加算した割合。
② 納付の期限から2か月超の期間 ➡ 年14.6％

（2）平成26年1月1日以後の期間に対応する延滞税
① 納付の期限から2か月以内の期間 ➡ 特例基準割合＋1.0%と年7.3%とのいずれか低い割合
② 納付の期限から2か月超の期間 ➡ 特例基準割合＋7.3%と年14.6%とのいずれか低い割合
　＊特例基準割合とは、前々年10月～前年9月までの銀行の貸出約定平均金利（新規・短期）の合計を12で除して得た割合として各年の前年の12月15日までに財務大臣が告示する割合に、年1％の割合を加算した割合。

（3）令和3年1月1日以降の期間に対応する延滞税
① 納付の期限から2か月以内の期間 ➡ 延滞税特例基準割合＋1.0%と年7.3%とのいずれか低い割合
② 納付の期限から2か月超の期間 ➡ 延滞税特例基準割合＋7.3%と年14.6%とのいずれか低い割合
　＊延滞税特例基準割合とは、前々年9月～前年8月までの銀行の貸出約定平均金利（新規・短期）の合計を12で除して得た割合として、各年の前年の11月30日までに財務大臣が告示する割合に年1％の割合を加算した割合。

相続税の延納と物納

（1）延納：次の条件を満たしている場合には、原則として5年以内の延納が認められる。

> ① 相続税額が10万円を超えること
> ② 金銭で納付することを困難とする事由があり、かつ、その納付を困難とする金額の範囲内であること
> ③ 担保を提供すること（延納税額が100万円以下で、延納期間が3年以内のものを除く）
> ④ 相続税の納付期限又は納付すべき日までに「延納申請書」に担保提供関係書類を添付して税務署に提出すること

 ●申告期限から10年以内に限り、延納税額からその納期限の到来した分納税額を控除した残額を限度として、延納から物納への変更ができる。

≪延納の利子税率一覧表≫

区　分		延納期間（最高）	延納利子税割合（年割合）	特例割合 ＊
不動産等の割合が75%以上の場合	①動産等に係る延納相続税額	10年	5.4%	0.6%
	②不動産等に係る延納相続税額（③を除く）	20年	3.6%	0.4%
	③森林計画立木の割合が20%以上の森林計画立木に係る延納相続税額	20年	1.2%	0.1%
不動産等の割合が50%以上75%未満の場合	④不動産等に係る延納相続税額	10年	5.4%	0.6%
	⑤不動産等に係る延納相続税額（⑥を除く）	15年	3.6%	0.4%
	⑥森林計画立木の割合が20%以上の森林計画立木に係る延納相続税額	20年	1.2%	0.1%
不動産等の割合が50%未満の場合	⑦一般の延納相続税額（⑧、⑨および⑩を除く）	5年	6.0%	0.7%
	⑧立木の割合が30%を超える場合の立木に係る延納相続税額（⑩を除く）	5年	4.8%	0.5%
	⑨特別緑地保全地区等内の土地に係る延納相続税額	5年	4.2%	0.5%
	⑩森林計画立木の割合が20%以上の森林計画立木に係る延納相続税額	5年	1.2%	0.1%

＊令和5年1月1日現在の延納特例基準割合0.9%で計算している。

 ●**不動産等に係る延納税額分の実際の利子税率の求め方**

$$\boxed{\text{利子税率（年率）}} \times \boxed{\text{延納特例基準割合 }7.3\%} = \boxed{\text{軽減後の実際の利子税率（特例）}}$$

（0.1%未満切捨）

＊延納特例基準割合とは、前々年9月～前年8月までの銀行の貸出約定平均金利（新規・短期）の合計を12で除して得た割合として、各年の前年11月30日までに財務大臣が告示する割合に年0.5%を加算した割合

＊軽減後の実際の利子税率が0.1%未満の割合である場合は年0.1%

 ●**利子税の計算**：前回の分納期限の翌日から今回の分納期限までの期間に応じ、日割りで計算する。

（2）物納：次の条件を満たしている場合には、物納が認められ、課税価格計算の基礎となった価額により収納される。

> ① 延納によっても金銭納付が困難な事由があり、かつ、その納付を困難とする金額を限度としていること。
> ② 申請財産は定められた種類の相続財産であり、かつ、定められた順位によっていること。
> ③ 相続税の納付期限又は納付すべき日までに物納申請書及び物納手続関係書類を提出していること。
> ④ 管理、処分をするのに適当な財産であること。

《物納に充てることができる財産の種類及び順位》

物納に充てることができる財産は、納付すべき相続税の課税価格計算の基礎となった相続財産（その財産により取得した財産を含み、相続時精算課税制度による贈与財産は含まない）のうち、次表に掲げる財産で、日本国内にあるものに限られる。

順位	物納に充てることができる財産
第1順位	①不動産、船舶、国債、地方債、上場株式等（特別の法律により法人の発行する債券及び出資証券を含み、短期社債等を除く。）
	②不動産及び上場株式のうち物納劣後財産に該当するもの
第2順位	③非上場株式等（特別の法律により法人の発行する債券及び出資証券を含み、短期社債等を除く。）
	④非上場株式等のうち物納劣後財産に該当するもの
第3順位	⑤動産

なお、相続開始前から被相続人が所有していた「美術品の美術館における公開の促進に関する法律」に定める登録美術品のうち、その相続開始時に既に同法の登録を受けているもの（特定登録美術品）は、上記の順位によることなく、物納に充てる財産とすることができる。

《物納に充てることができない財産等》

物納不適格財産は、物納することができない。なお、物納劣後財産は、他に物納に充てるべき適当な価額の財産がない場合に限り、物納に充てることができる。

①物納不適格財産：抵当権が設定されている不動産や境界が不明確な土地等のような管理又は処分をするのに不適格な財産

②物納劣後財産：市街化調整区域内の土地、接道条件を充足していない土地等の財産で他に物納適格財産がない場合に限り、物納が認められている財産

●物納申請された財産が、物納不適格財産に該当する場合や物納劣後財産に該当する場合で、他に物納適格財産があるときは、税務署長はその物納申請を却下することができる。

●物納の申請者は、その却下の日の翌日から20日以内に、一度だけ物納の再申請ができる。

農地等の相続税の納税猶予の特例

OUTLINE

●農業を営んでいた被相続人から、相続や遺贈で農地等（生産緑地指定を受けていない特定市街化区域農地等を除き、一定の要件を満たす貸付がされた生産緑地、特定生産緑地である農地等及び三大都市圏の特定市の田園住居地域内の農地等並びに地区計画農地保全条例により制限を受ける一定の地区計画の区域内に所在するものを含む）を取得した相続人が、その後も引き続き農業を営んでいく場合、相続税額のうち宅地期待益部分に対する税額が猶予される。

●猶予された相続税は、原則農業を営む相続人が死亡した場合に免除される（特定市以外の市街化区域内の生産緑地の指定を受けていない農地等については、20年営農により免除される）。

●免除される前に農業経営をやめるなどした場合は、猶予が打ち切られ、利子税とともに相続税を納付しなければならない。

●特定生産緑地の指定又は指定の期限の延長がなされなかった生産緑地については、現に適用を受けている納税猶予に限り、その猶予を継続することができる。

適用の対象となる人

①　農業を営んでいた被相続人から農地等を取得した相続人であること（生前に農地等を後継者に一括贈与した人を含む）
②　相続や遺贈で農地、採草牧草地などを取得していること
③　相続税の申告期限までに農業を開始し、その後引き続き農業経営を行うと認められる者であることを農業委員会が証明した者

適用の対象となる農地等

次の要件にあてはまる農地、採草放牧地、準農地。

①　被相続人から相続や遺贈によって取得したもの
②　相続税の申告期限内に遺産分割協議により分割されたもの
③　農地及び採草放牧地は、被相続人が農業の用に供していたもの
④　準農地は、上記の農地及び採草放牧地とともに取得されたものに限られる
⑤　相続税の期限内申告書に、この制度の適用を受ける旨の記載をしたもの

農業を営むとは：
　耕作などを反復、継続して行っていることであり、生産物を自家消費している場合や、普段は会社などに勤務している場合であっても認められる。また、収穫物の販売名義、販売収入の処分権を本人が有している場合、主な基幹作業を委託していても、その他の作業を自分で行っていれば認められるが、全ての作業を委託している場合は認められない。
　なお、以下の場合についても営農継続しているものとして取り扱われる。
●災害、疾病等のやむを得ない事情のため一時的に営農できない場合
●農業経営基盤強化促進法の規定に基づき農地の貸付をする場合
●身体障害等により営農が困難なため、農地の貸付をする場合

相続財産の評価

OUTLINE

- ●相続税、贈与税の対象となる財産は、「財産評価基本通達」に基づき評価する。
- ●宅地は、利用単位となる一区画の宅地ごとに路線価方式又は固定資産税評価倍率方式により評価する。貸宅地、貸家建付地は、自用地に比べ一定割合が軽減される。
- ●一定の居住用と事業用の小規模な宅地は、「小規模宅地等の特例」によって、一定の面積に対応する部分の評価額が大幅に軽減される。
- ●家屋は、固定資産税評価額をもとに評価する。
- ●配偶者居住権等の創設に伴い、建物の居住権及び居住建物の敷地利用権等の評価が必要になった。(令和2年4月1日以後の相続等に適用)

土地の評価方式

土地は、宅地、田、畑、山林などに分けられ、路線価方式、倍率方式、宅地比準方式のいずれかで評価する。

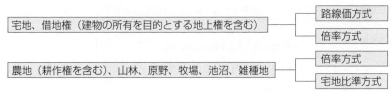

宅地の評価

宅地の評価は一つの画地ごとに、路線価方式又は倍率方式で行う。登記上一筆の宅地でも、半分は自宅、半分はアパートに使われている場合、区分して評価する。

（1）路線価方式

宅地の面する道路（路線）につけられた路線価をもとに、その宅地の形状などに応じた調整を行って評価する方式。主に市街地で用いられる。

●路線価方式による評価例（普通住宅地区）

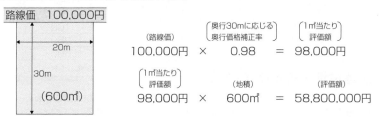

（2）倍率方式

宅地の固定資産税評価額に、地域ごとに決められた一定の倍率を乗じて評価する。この場合の固定資産税評価額は、土地課税台帳などに登録された評価額であり、固定資産税の税額の基礎となる課税標準額とは異なる。

地積規模の大きな宅地の評価

三大都市圏においては500㎡以上の地積の宅地、三大都市圏以外の地域においては1,000㎡以上の地積の宅地で次の要件を満たすものの価額は、次の算式により求める。

（1）適用要件

地区区分	路線価図上、普通住宅地区又は普通商業・併用住宅地区であること。 ＊倍率地域の場合は、普通住宅地区内に所在するものとなる。
都市計画	市街化調整区域以外の地域に所在すること。
	都市計画の用途地域が工業専用地域に指定されている地域以外であること。
容積率	東京都の特別区に所在する宅地：300%未満 上記以外の地域に所在する宅地：400%未満

（2）計算式

$$ 正面路線価 \times 奥行補正率 \times \begin{array}{c}不整形地補正率など\\各種画地補正率\end{array} \times 規模格差補正率（注） $$

（注）規模格差補正率は、次の算式により計算する（小数点以下第2位未満切捨）。

$$ 規模格差補正率 = \frac{A \times B + C}{地積規模の大きな宅地の地積（A）} \times 0.8 $$

＊上記「規模格差補正率」の算式の「B」及び「C」は、下表の①又は②による。

①　三大都市圏に所在する宅地

地積	普通商業・併用住宅地区、普通住宅地区	
	B	C
500㎡以上1,000㎡未満	0.95	25
1,000㎡以上3,000㎡未満	0.90	75
3,000㎡以上5,000㎡未満	0.85	225
5,000㎡以上	0.80	475

②　三大都市圏以外の地域に所在する宅地

地積	普通商業・併用住宅地区、普通住宅地区	
	B	C
1,000㎡以上3,000㎡未満	0.90	100
3,000㎡以上5,000㎡未満	0.85	250
5,000㎡以上	0.80	500

貸宅地・貸家建付地・借地権の評価

自用の宅地に比べ、貸宅地など制限のある場合は、利用状況に応じて評価額が減額される。

❶　**貸宅地**；借地権の目的となっている宅地の価額は、次の算式により求める。

> 自用地とした場合の評価額×（1－借地権割合）

❷　**貸家建付地**；アパートなど貸家の敷地として利用されている宅地は、自用地としての評価額からその宅地の借地権割合とその貸家の借家権割合などを乗じた割合だけ控除する。

> 自用地とした場合の評価額×（1－借地権割合×借家権割合×賃貸割合）

＊借地権割合、借家権割合（一律30%）は、各国税局が地域ごとに定めている。

❸　**借地権**；自用地としての評価額に借地権割合を乗じる。

> 自用地とした場合の評価額×借地権割合

小規模宅地等の課税価格の特例

　一定の小規模な宅地等を相続した場合、その小規模宅地等とされる一定面積までの部分については、通常の相続税の課税価格の80％又は50％相当額を減額した金額を課税価格とすることができる。

（1）対象となる宅地等

●相続又は遺贈（死因贈与を含む）により取得したすべての宅地等のうち、この特例の適用を選択した部分。

●相続開始の直前において、被相続人又は被相続人と生計を一にしていたその親族の事業の用（事業に準ずるものとされる一定のものを含む）又は居住の用に供されていた宅地等で、一定の建物又は構築物の敷地の用に供されていたもの。

（2）用途別の減額割合・特例適用対象面積

	用途の区分	減額割合	特例適用対象面積
①	特定事業用宅地等	80％	400㎡
②	特定同族会社事業用宅地等	80％	400㎡
③	特定居住用宅地等	80％	330㎡
④	貸付事業用宅地等	50％	200㎡

●用途区分の異なる特例対象宅地等がある場合は、一定の算式で計算した調整後の特例適用対象面積が減額の対象となる。ただし、特定事業用宅地等及び特定同族会社事業用宅地等と、特定居住用宅地等については、調整することなく完全併用することができる（最大730㎡）。

❶ 特定事業用宅地等

区　分		適用要件
被相続人の事業用（貸付事業を除く）	事業承継要件	●被相続人の事業を申告期限までに承継していること ●その申告期限までにその事業を営んでいること
	保有継続要件	その宅地等を申告期限まで保有していること
生計一親族の事業用（貸付事業を除く）	事業継続要件	相続開始の直前から相続税の申告期限まで、その宅地等の上で事業を営んでいること
	保有継続要件	その宅地等を申告期限まで保有していること

●平成31年3月31日以後の相続については、相続開始前3年以内に新たに事業の用に供された宅地等は、特定事業用宅地等から除外される。ただし、相続開始前3年以内に新たに事業の用に供された宅地等の上で一定規模以上の事業（事業の用に供されている建物等の減価償却資産の価額が、その宅地等の相続時の価額の15％以上である場合）を行っている場合を除く。

●相続開始前3年を超えて事業を継続している場合は、従前どおり、この規定が適用される。

●この特例と個人版事業承継税制（82ページ）は、選択適用とされているので、重複適用は認められない。

❷ 特定同族会社事業用宅地等

区　分		適用要件
一定の法人の事業用（貸付事業を除く）	法人役員要件	申告期限までにその法人の役員であること
	保有継続要件	その宅地等を申告期限までに保有していること

＊一定の法人とは、相続開始の直前において被相続人及び被相続人の親族等がその法人の発行済み株式総数又は出資総額の50％超を有している法人をいう。

❸ 特定居住用宅地等

区　分	適用要件	
	取得者	取得者ごとの要件
被相続人の居住用	配偶者	要件なし（無条件）
	同居親族	●申告期限まで、引き続きその家屋に居住していること ●申告期限までその宅地等を有していること
	非同居親族	●①配偶者及び同居法定相続人がいないこと 　②相続開始前3年以内に国内にあるその者、その者の配偶者、その者の3親等内の親族又はその者と特別の関係がある一定の法人の所有する家屋（相続開始直前において被相続人の居住の用に供されていた家屋を除く。）に居住したことがないこと 　③相続開始時に、その者が居住している家屋を相続開始前のいずれの時においても所有していたことがないこと 　④申告期限までその宅地等を有していること
生計一親族の居住用	配偶者	要件なし（無条件）
	生計一親族	●相続開始直前から申告期限までその宅地等の上に存する家屋に居住すること ●申告期限までその宅地等を有していること

●構造上内部で行き来ができない1棟の建物（二世帯住宅など）については、区分所有登記がされていないことを条件として1棟の建物の各独立部分のうち、被相続人の親族が居住している部分も被相続人の居住用宅地等として取り扱われる。また、その1棟の建物に居住している親族は、同居親族として取り扱われる。
●老人ホームへ入居したことにより相続時点で被相続人の居住の用に供されていない家屋の敷地については、要介護認定、要支援認定又は障害支援区分の認定を受け、介護を目的として一定の施設に入所しており、かつ、その家屋の貸付等を行なっていなければ、被相続人の居住の用に供される宅地等に該当する。

❹ 貸付事業用宅地等

区　分	適用要件	
被相続人の貸付事業用	事業承継要件	●被相続人の貸付事業を申告期限までに承継していること ●その申告期限までにその貸付事業を行っていること
	保有継続要件	その宅地等を申告期限まで保有していること
生計一親族の貸付事業用	事業継続要件	相続開始の直前から相続税の申告期限まで、その宅地等に係る貸付事業を行っていること
	保有継続要件	その宅地等を申告期限まで保有していること

●平成30年4月1日以後の相続等については、貸付事業用宅地等の範囲から、相続開始前3年以内に貸付事業の用に供された宅地等（相続開始前3年を超えて事業規模で貸付事業を行っている者が当該貸付事業の用に供しているものを除く）を除外する。

家屋の評価

　家屋の評価は、固定資産税評価額に一定の倍率をかけて計算する。現在、この倍率は、「1.0」で、原則として、固定資産税評価額が相続税評価額になる。

（1）自家用家屋　　固定資産税評価額×1.0

（2）貸家　　固定資産税評価額×1.0×〔1－借家権割合（30%）×賃貸割合〕

●建設中の家屋の評価
　　相続が発生した時において建築中の家屋は、その家屋の費用現価の70／100に相当する
　　金額で評価する。「費用現価」とは、課税時期までに投下された費用の額を課税時期の価額
　　に引き直した金額の合計額のこと。家屋の建築が請負の場合は、課税時期までに投下され
　　た費用の額が既に支払った金額を下回っていれば、差額は前払金として相続財産に加算さ
　　れることになり、上回っていれば未払金となり、債務として控除されることになる。

配偶者居住権等の評価【R2.4.1以後の相続・贈与に適用】

相続税における配偶者居住権等の評価額は、次のとおりとされる。

建物の評価	①配偶者居住権	建物の時価 － 建物の時価 × $\dfrac{残存耐用年数 - 配偶者居住権の存続年数}{残存耐用年数}$ × (配偶者居住権の存続年数に応じた民法の法定利率による複利現価率)
	②居住建物の所有権	◆配偶者居住権が設定された建物の所有権の評価方法 建物の時価 － 上記①の**配偶者居住権の価額**
土地の評価	③居住建物の敷地利用権	◆配偶者居住権に基づく居住建物の敷地の利用に関する権利の評価方法 土地等の時価 － 土地等の時価 × (配偶者居住権の存続年数に応じた民法の法定利率による複利現価率)
	④居住建物の敷地の所有権	土地等の時価 － 上記③の**居住建物の敷地利用権の価額**

【設例】

○配偶者（年齢70歳）が配偶者居住権（終身利用）を取得
　平均余命：20年（厚生労働省の公表の平均余命表から）
　法定利率3%の場合の複利現価率：0.554（20年）
○居住用不動産の価額
　居住用建物の価額：500万円（法定耐用年数22年、築後10年経過）
　居住用建物の敷地：2,000万円

建物の評価	①配偶者居住権	500万円－500万円×（23年－20年）÷23年×0.554≒463万円 ※残存耐用年数：22年×1.5－10年＝23年
	②居住建物の所有権	500万円－463万円＝370,000円
土地の評価	③居住建物の敷地利用権	2,000万円－2,000万円×0.554＝892万円
	④居住建物の敷地の所有権	2,000万円－892万円＝1,108万円

●上記は、民法の改正に伴い創設された配偶者居住権等の評価方法である。

負担付贈与、低額譲渡における不動産の評価

　負担付贈与とは、負債とともに財産を贈与するもので、贈与財産の評価額（通常は相続税評価額）から負債を差し引いた残りにのみ贈与税がかかる。しかし、贈与されるのが土地や家屋である場合、相続税対策封じとして、相続税評価額ではなく、通常の取引価額によって評価されるので要注意。
　個人間での取引では通常、相続税評価額を下回らない価格であれば贈与税はかからない（低額譲渡とみなされない）。しかし、取引されるのが土地や家屋である場合、相続税対策封じとして、相続税評価額ではなく、取得時における通常の取引価格をもとに低額譲渡かどうかが判断されるので要注意。

注意　路線価評価等が否認されるケースに注意‼

～不動産を用いた相続税対策の妥当性が争われた最高裁判決～

　不動産を用いた相続税対策の妥当性が争われていた訴訟の上告審に関し、令和4年4月19日に最高裁判決で課税庁の処分は妥当であるとして納税者側が敗訴した。この判決では、不動産を財産評価基本通達によって路線価等を用いて評価することが適切でないとされ、国税庁長官の指示を受けて評価通達6項により鑑定評価すべきと判断された。判決文の中で財産評価基本通達によって評価することが著しく不適当と認められるケースについての明確な基準は明らかにされていないものの、極端な相続税対策は否認される恐れがあるため、注意が必要である。

1. 事案の概要

●被相続人：A（平成24年6月17日相続開始・94歳）
●相続人　：配偶者、長女、長男、二男、二男の子（養子）
●相続税の申告状況：基礎控除額以下のため相続税の総額は0円として申告
　なお、不動産の取得がなかった場合の課税価格の合計額は6億円超

◆相続財産に含まれる賃貸不動産の取得状況と相続税評価額等

項目	甲不動産	乙不動産
取得日	平成21年1月30日	平成21年12月25日
取得価額	8億3,700万円	5億5,000万円
借入金	銀行融資　　6億3,000万円	銀行融資　　　3億7,800万円 配偶者より借入　　4,700万円
相続税評価額	土地　　　約1億1,367万円 建物　　　　　約8,636万円	土地　　　　　約5,816万円 建物　　　　　約7,550万円
鑑定評価額	7億5,400万円	5億1,900万円
保有状況	継続保有	平成25年3月7日　売却 譲渡対価　5億1,500万円

2. 最高裁判決要旨

　被相続人及び相続人らは、近い将来発生することが予想される被相続人の相続において相続税の負担が減少することを知り、かつ、これを期待して不動産を取得したといえる。これは、このような不動産の取得をせず、又はすることのできない他の納税者との間に看過し難い不均衡を生じさせ、実質的な租税負担の公平に反するというべきであることから、不動産の価額を評価通達の定めによらず、評価通達6項に基づき鑑定評価額により評価したことは適法であると認められる。

3.　相続税対策における注意点

☑ やり過ぎは禁物

　資産構成と比較して相続税がかからなくなるような過度な相続税対策の実行は慎重に検討することが必要。

☑ 相続税対策以外の不動産の所有目的を明確に

　相続税対策以外の不動産の所有目的を長期的な観点から説明できるように取得段階の検討過程を明確にしておくことが大切。

☑ 超高齢者の対策は要注意

　相続税対策はできる限り早めに取り組んでおくことが理想的であるが、推定被相続人が高齢である場合も打合せに同席するなど不動産の取得に積極的に関わった実績を残すことが大切。

☑ 相続直前の対策は要注意

　類似する他の判決でも、不動産の取得から相続開始までの期間が短いケースで財産評価基本通達による不動産評価が否認される傾向にあり、また、裁判でも納税者が敗訴している。

　このことからも、相続税対策はできる限り早めに取り組むことが何よりも重要。

☑ 相続直後の売却は要注意

　相続直後に不動産を売却しているケースは類似する他の判決でも同様に財産評価基本通達による不動産評価が否認されていることから、相続直後の不動産の譲渡については慎重に判断することが必要。

☑ 過度な借入は要注意

　全体の資産背景に比して過度な金融機関からの融資は相続対策のための不動産取得と断定されてしまう恐れがあるため、資産状況や収支計画について十分な検証をしたうえで、長期的な視点から不動産取得を意思決定することが大切。

個人版事業承継税制《個人の事業用資産の贈与税及び相続税の納税猶予制度》

OUTLINE

● 事業承継の認定を受けた認定相続人・認定受贈者が平成31年1月1日から令和10年12月31日までの10年間に、相続等又は贈与により特定事業用資産を取得して先代の事業を継承していく場合、担保の提供を条件に、その取得した特定事業用資産の課税価格に対応する相続税又は贈与税の全額の納税を猶予又は免除する制度である。

● この制度は、事業用小規模宅地等の課税価格の特例との選択適用。(重複適用できない)。

個人の事業用資産の贈与税・相続税の納税猶予制度

個人の事業用資産の贈与税及び相続税の納税猶予制度の概要は、以下のとおり。

【H31.1.1以後の相続・贈与に適用】

要　件	内　　容
先代経営者の要件	贈与者は贈与前において、被相続人は相続開始前において青色申告者であること。
事業後継者（認定受贈者・認定相続人）の要件	①　受贈者・相続人は、平成31年4月1日から令和6年3月31日までの間に、都道府県知事に提出した承継計画に記載された後継者であって円滑化法の認定を受けた認定受贈者・認定相続人であること。 ②　①の認定受贈者・認定相続人は、平成31年1月1日から令和10年12月31日までの10年間に、贈与又は相続により特定事業用資産を取得し、事業を継続していくこと。 ③　認定受贈者は贈与後において、認定相続人は相続開始後において、青色申告の承認を受けて正規の簿記の原則に従って記帳していること。 （一口メモ）認定受贈者の年齢は、18歳以上（令和4年3月31日以前は20歳以上）であること。
事業承継及び承継後の手続き等	①　受贈者・相続人は、平成31年4月1日から令和6年3月31日までの5年間に、認定経営革新等支援機関の指導を受けた事業承継計画書を都道府県に提出していること。 ②　認定相続人は、相続税の申告期限から3年毎に、所轄税務署長宛に継続届出書の提出が必要。
適用対象となる特定事業用資産の範囲	贈与者・被相続人の事業(不動産貸付業を除く。)の用に供されていた次に掲げる資産。 ①　宅地等(面積400㎡までの部分に限る。) ②　建物(床面積800㎡までの部分に限る。) ③　建物以外の減価償却資産(青色申告決算書に記載されているもの) 　固定資産税が課税されているもの、営業用として自動車税・軽自動車税が課税されている自動車、乗用自動車(取得価額が500万円以下の部分に対応する部分に限る)、機械、器具備品(工作機械、パワーショベル、給油機、冷蔵庫、医療機器等)、生物(乳牛、果樹等)、無形固定資産（特許権等）も適用対象となる。
納税猶予税額の納付を要する場合	次に該当する場合には、納税猶予税額の納付が必要になる。 ①　特定事業用資産に係る事業を廃止した場合：猶予税額の全額を納付する。 ②　特定事業用資産を譲渡等した場合：その譲渡等部分に対応する猶予税額を納付する。
納税猶予税額が免除される場合など	次に該当する場合には、納税猶予税額が免除される。 ①　承継計画に記載された後継者が死亡の時まで特定事業用資産を保有し、事業を継続した場合など：全額免除 ②　経営環境の変化を示す要件を満たす場合に、特定事業用資産の一括譲渡をした場合：一部免除
贈与者が死亡した場合	贈与者の死亡時には、特定事業用資産をその贈与者から相続等により取得したものとみなして贈与時の時価により他の相続財産と合算して相続税を計算する。その際に、都道府県知事の円滑化法の確認を受けた場合には、相続税の納税猶予の適用を受けることができる。
特定事業用資産を現物出資して会社を設立した場合	相続税の申告期限から5年経過後に特定事業用資産を現物出資して会社を設立した場合に、その認定相続人が設立会社の株式等を保有していること等の一定の要件を満たす場合には、納税猶予の継続が認められる。

不動産所得

OUTLINE

- アパートなど不動産の貸付けによる所得は不動産所得。他の所得との合計額に所得税と住民税が課税。
- 不動産所得は、収入金額から必要経費を差し引いて求める。赤字になった場合は、他の所得と損益通算できる（土地等の取得に係る借入金利子対応部分の金額は、損益通算の対象とならない）。
- 必要経費には、修繕費や固定資産税などのほか、借入金の利子や建物の減価償却費などが含まれる。
- 一定の新築のアパートやマンションについては、減価償却費の割増しが認められる。

不動産所得となるもの

　アパート、事務所、マンション、貸家、貸間、ガレージ、宅地などの付付けのほか、借地権の設定なども不動産所得となることがある。次のような場合は、要注意。
- 貸間、下宿などでも食事の付いている場合は、事業所得又は雑所得
- 事業主が従業員の寄宿舎などを提供している場合に受け取る賃貸料は、事業所得
- 借地権の設定などにより一時的に受け取る権利金などは、原則として不動産所得（権利金が土地の時価の2分の1を超えると、譲渡所得）
- ネオンサインや広告看板を取り付けさせる使用料は、不動産所得（屋内にあるものは、事業所得）

不動産所得の計算

> 総収入金額－必要経費＝不動産所得の金額

（1）総収入金額

　　不動産所得を計算する際の総収入金額は、1月1日から12月31日までに収入の確定したもの。

〈敷金・保証金等〉

① 賃貸期間に関係なく返還しないことになっている場合	その部分の金額は契約をした年の収入
② 賃貸期間の経過に応じて返還しない金額が増加することになっている場合	増加する部分の金額はその年の収入
③ 解約などの時に返還しなかった金額が①の金額を超えている場合	その超えている部分の金額は解約などのあった年の収入

（2）必要経費——不動産所得を計算するときの必要経費——

①	租税公課	消費税、固定資産税、登録免許税、不動産取得税、印紙税、事業税など（所得税と住民税は含まれない。また、登録免許税、不動産取得税は譲渡所得の計算における取得費になることもある）
②	損害保険料	賃貸している建物の火災保険料など
③	修繕費	賃貸している建物の修繕費用
④	支払利息	貸付け用の不動産を購入するために借りたローンの支払利子（ただし、不動産所得が赤字の場合、土地等の取得にかかる借入金の利子の額に対応する部分の金額は、損益通算の対象とならない）
⑤	地代家賃	貸付け用の不動産を賃借している場合に支払った地代や家賃
⑥	減価償却費	建物・建物附属設備・構築物等の償却資産について認められ、一定の新築貸家については割増しの特例がある。
⑦	家族に支払う給料等	貸付けが事業的規模で営まれている場合、青色申告者には青色事業専従者給与、白色申告者には事業専従者控除が認められる。
⑧	立退料	家屋の建替えに伴う賃借人を立ち退かせるために支払うもの

減価償却費

　必要経費の中でも、減価償却費は特に重要。建物や設備について、その取得費をもとに一定の耐用年数の間で償却費を計上する。また、通常の修理の程度を超えて資産の価値を高めたり、使用可能年数を伸ばしたりする支出も、「資本的支出」として減価償却の対象となる。

（1）耐用年数

　新築の建物や設備は、種類、構造、用途などによって耐用年数が決められている。

●建物などの減価償却資産の耐用年数と償却率については、87～89ページ参照。
●中古の場合は、次の方法で計算した年数

① 耐用年数の全部を経過したもの ⟹ 法定耐用年数×0.2
② 耐用年数の一部を経過したもの ⟹ 法定耐用年数－（経過年数×0.8）

（2）減価償却費の計算方法

　定額法と定率法があり、個人事業主の場合、定率法を採用する場合は税務署長への届出が必要（ただし、平成10年4月1日以降に取得した建物及び平成28年4月1日以後に取得した建物附属設備・構築物については、定額法のみ）

定　　額　　法 （又は旧定額法）	資産が毎年同じだけ減価すると考え、償却費をその耐用年数の間で均等に割り振る方法
定　　率　　法 （又は旧定率法）	償却費の額を初期に多く計上し、年が経つにつれ小さくなるように未償却残額に対して毎年一定の率で償却する方法

●各年の償却費は、次の❶又は❷の区分に応じ、下記の算式により計算する。

❶ 平成19年3月31日以前に取得した減価償却資産

イ　旧定額法

$$取得価額 \times 0.9 \times \begin{matrix} 耐用年数に応じた \\ 旧定額法による償却率 \end{matrix} = 各年の償却費の額$$

ロ　旧定率法

（前年末の未償却残高）

$$（取得価額 － 前年末までの償却費の合計額） \times \begin{matrix} 耐用年数に応じた \\ 旧定率法による償却率 \end{matrix} = 各年の償却費の額$$

ハ　償却費の累積額が取得価額の95％相当額に達している場合

　必要経費算入額の累積額が、取得価額の95％相当額《償却可能限度額》に達している減価償却資産は、その達した年の翌年以後5年間で、次の算式によって計算した金額を残額が1円になるまで均等に償却する。

$$（取得価額 － 取得価額 \times 95\% － 1円） \div 5（年間） = 償却費の額$$

＊年の中途で事業の用に供した場合は、「本年中に事業の用に供した月数／12」を乗じる。

❷ 平成19年4月1日以後に取得する減価償却資産

イ　定額法

$$取得価額 \times 定額法の償却率 = 各年の償却費の額$$

ロ　定率法

　平成19年4月1日から平成24年3月31日までの間に取得する減価償却資産と、平成24年4月1日以降に取得する減価償却資産とでは、計算上採用する償却率・改定償却率・保証率が異なる。

$$\left(\underset{\text{取得価額}}{\overset{\text{(前年末の未償却残高)}}{}} - \genfrac{}{}{0pt}{}{\text{前年末までの}}{\text{償却費の合計額}}\right) \times \genfrac{}{}{0pt}{}{\text{耐用年数に応じた}}{\text{定率法による償却率}} = \genfrac{}{}{0pt}{}{\text{各年の償却費の額}}{\text{(調整前償却額)}}$$

上記の算式で計算した「各年の償却費の額」(調整前償却額)が、「取得価額×保証率(89ページ)」(償却保証額)に満たなくなった場合には、次の算式によって各年の償却費の額を計算する。

● 「償却保証額」に満たなくなった1年目の償却費の額

$$\text{前年末の未償却残高} \times \genfrac{}{}{0pt}{}{\text{耐用年数に応じた}}{\text{「改定償却率」(89ページ)}} = \text{償却費の額}$$

● 「償却保証額」に満たなくなった2年目以降の償却費の額

$$\genfrac{}{}{0pt}{}{\text{満たなくなった年の}}{\text{「前年末の未償却残高」}} \times \genfrac{}{}{0pt}{}{\text{耐用年数に応じた}}{\text{「改定償却率」(89ページ)}} = \text{償却費の額}$$

● 耐用年数経過時点で、1円まで償却する。
● 年の中途で事業の用に供した場合は、償却費の額に「本年中の使用月数／12」を乗じる。

損益通算の特例

　不動産所得に赤字が生じた場合、他の所得の黒字の金額と通算(損益通算)できるが、その不動産所得の赤字のうち、土地等を取得するために借り入れた負債(ローン)の利子に相当する額は、損益通算の対象とならない。このため、賃貸マンションなどをローンで購入し、不動産所得の赤字を発生させ、給与所得や事業所得の節税を図る方法は、大きくその効果を封じられている。

　土地と建物を一括して取得した場合は、まず、土地の取得価額を算出したうえで、その土地を取得するために借り入れた負債の額を計算する。マンションのように負債の額を土地と建物に区分することが難しい場合には、その負債はまず建物の取得にあてられたものとすることができる(土地と建物は一つの契約で、1人の売主から取得することが条件)。

● 国外で取得した中古建物を賃貸して不動産所得の基因となる業務の用に供している場合に、その不動産所得の金額の計算上、損失が生じた場合でも、その国外不動産所得の損失のうちに簡便法又は使用可能期間の見積法によって耐用年数を計算している国外中古建物の償却費相当額の損失については生じなかったものとみなされ、他の損失との損益通算はできない。【令和3年分以後の不動産所得の計算について適用】

★不動産にかかる各種税金の早見表・速算表

各種特例と適用要件早見表

		建築年・築年数要件	床面積要件	床面積の意義
住宅にかかる登録免許税の軽減	新築住宅	–	50㎡以上	床面積は登記簿上表示される床面積 (マンションの共用部分は含まれない) 併用住宅の場合も、全体の床面積で判定
	既存住宅 *1	昭和57年1月以後に建築された家屋*2	50㎡以上	
住宅ローン控除	新築住宅	–	50㎡ (40㎡) 以上*3	
	既存住宅 *1	昭和57年1月以後に建築された家屋*2	50㎡ (40㎡) 以上*3	
	増改築等	–	工事後の床面積が 50㎡ (40㎡) 以上*3	
住宅取得等資金の贈与	新築住宅	–	40㎡以上	(贈与税の非課税制度の場合は、50㎡ (40㎡) 以上240㎡以下)*4
	既存住宅 *1	昭和57年1月以後に建築された家屋*2	40㎡以上	
不動産取得税の軽減	新築住宅	–	50㎡以上 (アパート等については一室につき40㎡以上) 240㎡以下	床面積は評価証明書上表示される床面積 (マンションの共用部分を含む)
	既存住宅 *1	昭和57年1月以後に建築された家屋*2	50㎡以上 240㎡以下	
新築住宅に係る固定資産税		–	50㎡以上 (アパート等については一室につき35㎡以上、H17.1.2以後新築分は40㎡以上) 280㎡以下	併用住宅の場合は、居住の用に供する部分の床面積で判定
特定の居住用財産の買換え及び交換の特例	新築住宅	–	50㎡以上	床面積は登記簿上表示される床面積 (マンションの共用部分は含まれない) 併用住宅の場合は、居住の用に供する部分の床面積で判定
	既存住宅 *1	耐火建築物：25年以内 その他：25年以内	50㎡以上	
居住用財産の買換え等による譲渡損失の損益通算及び繰越控除			50㎡以上	

(参考) 登記簿上の表示される建物の床面積
●区分所有建物以外・・・各階ごとに壁その他の区画の「中心線」で囲まれた部分の水平投影面積
●区分所有建物・・・・・壁その他の区画の「内側線」で囲まれた部分の水平投影面積

注意
(*1) 既存住宅については、一定の耐震構造基準適合住宅 (築後経過年数要件は不要) 及び既存住宅売買瑕疵保険に加入している一定の中古住宅 (築後経過年数要件は、不要) が含まれる。

(*2) 既存住宅については、令和3年12月以前は、建築年要件 (昭和57年1月以後に建築) ではなく、築年数要件 (耐火建築物：築後25年以内、耐火建築物以外：築後20年以内) を満たす住宅を対象とする。

(*3) 住宅の取得等で特別特例取得に該当するものをした個人 (その年の合計所得金額が1,000万円以下) が、新築の場合には令和2年10月1日から令和3年9月30日、既存住宅または増改築等の場合には令和2年12月1日から令和3年11月30日までに契約を締結し、令和4年12月31日までに居住の用に供した場合には、取得等をした住宅の床面積が40㎡以上50㎡未満の住宅の取得等であっても特例を適用することができる。

(*4) 令和3年1月以後の贈与で、贈与を受けた年分の合計所得金額が1,000万円以下の場合には40㎡。

主な減価償却資産の耐用年数表

●建物

構造・用途	細　目	耐用年数
木造・合成樹脂造のもの	事務所用のもの	24
	店舗用・住宅用のもの	22
	飲食店用のもの	20
	旅館用・ホテル用・病院用・車庫用のもの	17
	公衆浴場用のもの	12
	工場用・倉庫用のもの（一般用）	15
木骨モルタル造のもの	事務所用のもの	22
	店舗用・住宅用のもの	20
	飲食店用のもの	19
	旅館用・ホテル用・病院用・車庫用のもの	15
	公衆浴場用のもの	11
	工場用・倉庫用のもの（一般用）	14
鉄骨鉄筋コンクリート造・鉄筋コンクリート造のもの	事務所用のもの	50
	住宅用のもの	47
	飲食店用のもの	
	延面積のうちに占める木造内装部分の　面積が30％を超えるもの	34
	その他のもの	41
	旅館用・ホテル用のもの	
	延面積のうちに占める木造内装部分の　面積が30％を超えるもの	31
	その他のもの	39
	店舗用・病院用のもの	39
	車庫用のもの	38
	公衆浴場用のもの	31
	工場用・倉庫用のもの（一般用）	38
れんが造・石造・ブロック造のもの	事務所用のもの	41
	店舗用・住宅用・飲食店用のもの	38
	旅館用・ホテル用・病院用のもの	36
	車庫用のもの	34
	公衆浴場用のもの	30
	工場用・倉庫用のもの（一般用）	34
金属造のもの	事務所用のもの	
	骨格材の肉厚が、（以下同じ。）	
	4mmを超えるもの	38
	3mmを超え、4mm以下のもの	30
	3mm以下のもの	22
	店舗用・住宅用のもの	
	4mmを超えるもの	34
	3mmを超え、4mm以下のもの	27
	3mm以下のもの	19
	飲食店用・車庫用のもの	
	4mmを超えるもの	31
	3mmを超え、4mm以下のもの	25
	3mm以下のもの	19
	旅館用・ホテル用・病院用のもの	
	4mmを超えるもの	29
	3mmを超え、4mm以下のもの	24
	3mm以下のもの	17
	公衆浴場用のもの	
	4mmを超えるもの	27
	3mmを超え、4mm以下のもの	19
	3mm以下のもの	15
	工場用・倉庫用のもの（一般用）	
	4mmを超えるもの	31
	3mmを超え、4mm以下のもの	24
	3mm以下のもの	17

●建物附属設備

構造・用途	細　目	耐用年数
アーケード・日よけ設備	主として金属製のもの	15
	その他のもの	8
店用簡易装備		3
電気設備（照明設備を含む）	蓄電池電源設備	6
	その他のもの	15
給排水・衛生設備、ガス設備		15

●構築物

構造又は用途	細　目	耐用年数
舗装道路・舗装路面	コンクリート、ブロックれんが、石敷	15
	アスファルト、木れんが敷	10
	ビチューマルス敷	3
金属造のもの	露天式立体駐車設備	15

●器具・備品

構造・用途	細　目	耐用年数
家具、電気機器、ガス機器、家庭用品（他に掲げてあるものを除く。）	事務机、事務いす、キャビネット	
	主として金属製のもの	15
	その他のもの	8
	応接セット	
	接客業用のもの	5
	その他のもの	8
	ベッド	8
	児童用机、いす	5
	陳列だな、陳列ケース	
	冷凍機付・冷蔵機付のもの	6
	その他のもの	8
	その他の家具	
	接客業用のもの	5
	その他のもの	
	主として金属製のもの	15
	その他のもの	8
	ラジオ、テレビジョン、テープレコーダーその他の音響機器	5
	冷房用・暖房用機器	6
	電気冷蔵庫、電気洗濯機その他これらに類する電気・ガス機器	6
	氷冷蔵庫、冷蔵ストッカー（電気式のものを除く。）	4
	カーテン、座ぶとん、寝具、丹前その他これらに類する繊維製品	3
	じゅうたんその他の床用敷物	
	小売業用・接客業用・放送用・レコード吹込用・劇場用のもの	3
	その他のもの	6
	室内装飾品	
	主として金属製のもの	15
	その他のもの	8
	食事・ちゅう房用品	
	陶磁器製・ガラス製のもの	2
	その他のもの	5
	その他のもの	
	主として金属製のもの	15
	その他のもの	8
事務機器、通信機器	電子計算機	
	パーソナルコンピュータ（サーバー用のものを除く。）	4
	その他のもの	5
	複写機、計算機（電子計算機を除く。）、金銭登録機、タイムレコーダーその他これらに類するもの	5
	その他の事務機器	5
	テレタイプライター、ファクシミリ	5
	インターホーン、放送用設備	6
	電話設備その他の通信機器	
	デジタル構内交換設備、デジタルボタン電話設備	6
	その他のもの	10
看板・広告器具	看板、ネオンサイン、気球	3
	マネキン人形、模型	2
	その他のもの	
	主として金属製のもの	10
	その他のもの	5
前掲のもの以外のもの	きのこ栽培用ほだ木	3
	無人駐車管理装置	5

●機械・装置

用　途	細　目	耐用年数
農業用設備		7
林業用設備		5
漁業用設備（次の水産養殖業用設備を除く）		5
水産養殖業用設備		5
鉱業、採石業、砂利採取業用設備	石油又は天然ガス鉱業用設備	3
	坑井設備	6
	掘さく設備	12
	その他の設備	6
総合工事業用設備		6

減価償却資産の償却率・改定償却率・保証率・経過年数表

（1）平成19年3月31日以前に取得した減価償却資産

耐用年数	償却率		耐用年数	償却率	
	旧定額法	旧定率法		旧定額法	旧定率法
2	0.500	0.684	27	0.037	0.082
3	0.333	0.536	28	0.036	0.079
4	0.250	0.438	29	0.035	0.076
5	0.200	0.369	30	0.034	0.074
6	0.166	0.319	31	0.033	0.072
7	0.142	0.280	32	0.032	0.069
8	0.125	0.250	33	0.031	0.067
9	0.111	0.226	34	0.030	0.066
10	0.100	0.206	35	0.029	0.064
11	0.090	0.189	36	0.028	0.062
12	0.083	0.175	37	0.027	0.060
13	0.076	0.162	38	0.027	0.059
14	0.071	0.152	39	0.026	0.057
15	0.066	0.142	40	0.025	0.056
16	0.062	0.134	41	0.025	0.055
17	0.058	0.127	42	0.024	0.053
18	0.055	0.120	43	0.024	0.052
19	0.052	0.114	44	0.023	0.051
20	0.050	0.109	45	0.023	0.050
21	0.048	0.104	46	0.022	0.049
22	0.046	0.099	47	0.022	0.048
23	0.044	0.095	48	0.021	0.047
24	0.042	0.092	49	0.021	0.046
25	0.040	0.088	50	0.020	0.045
26	0.039	0.085			

（注）上表の耐用年数省令別表第七には、耐用年数100年までの計数が掲げられている。

(2) 平成19年4月1日以後に取得した減価償却資産

耐用年数	定額法	定率法 平成19年4月1日～平成24年3月31日までの取得			定率法 平成24年4月1日以後取得		
		償却率	改定償却率	保証率	償却率	改定償却率	保証率
2	0.500	1.000	―	―	1.000	―	―
3	0.334	0.833	1.000	0.02789	0.667	1.000	0.11089
4	0.250	0.625	1.000	0.05274	0.500	1.000	0.12499
5	0.200	0.500	1.000	0.06249	0.400	0.500	0.10800
6	0.167	0.417	0.500	0.05776	0.333	0.334	0.09911
7	0.143	0.357	0.500	0.05496	0.286	0.334	0.08680
8	0.125	0.313	0.334	0.05111	0.250	0.334	0.07909
9	0.112	0.278	0.334	0.04731	0.222	0.250	0.07126
10	0.100	0.250	0.334	0.04448	0.200	0.250	0.06552
11	0.091	0.227	0.250	0.04123	0.182	0200	0.05992
12	0.084	0.208	0.250	0.03870	0.167	0.200	0.05566
13	0.077	0.192	0.200	0.03633	0.154	0.167	0.05180
14	0.072	0.179	0.200	0.03389	0.143	0.167	0.04854
15	0.067	0.167	0.200	0.03217	0.133	0.143	0.04565
16	0.063	0.156	0.167	0.03063	0.125	0.143	0.04294
17	0.059	0.147	0.167	0.02905	0.118	0.125	0.04038
18	0.056	0.139	0.143	0.02757	0.111	0.112	0.03884
19	0.053	0.132	0.143	0.02616	0.105	0.112	0.03693
20	0.050	0.125	0.143	0.02517	0.100	0.112	0.03486
21	0.048	0.119	0.125	0.02408	0.095	0.100	0.03335
22	0.046	0.114	0.125	0.02296	0.091	0.100	0.03182
23	0.044	0.109	0.112	0.02226	0.087	0.091	0.03052
24	0.042	0.104	0.112	0.02157	0.083	0.084	0.02969
25	0.040	0.100	0.112	0.02058	0.080	0.084	0.02841
26	0.039	0.096	0.100	0.01989	0.077	0.084	0.02716
27	0.038	0.093	0.100	0.01902	0.074	0.077	0.02624
28	0.036	0.089	0.091	0.01866	0.071	0.072	0.02568
29	0.035	0.086	0.091	0.01803	0.069	0.072	0.02463
30	0.034	0.083	0.084	0.01766	0.067	0.072	0.02366
31	0.033	0.081	0.084	0.01688	0.065	0.067	0.02286
32	0.032	0.078	0.084	0.01655	0.063	0.067	0.02216
33	0.031	0.076	0.077	0.01585	0.061	0.063	0.02161
34	0.030	0.074	0.077	0.01532	0.059	0.063	0.02097
35	0.029	0.071	0.072	0.01532	0.057	0.059	0.02051
36	0.028	0.069	0.072	0.01494	0.056	0.059	0.01974
37	0.028	0.068	0.072	0.01425	0.054	0.056	0.01950
38	0.027	0.066	0.067	0.01393	0.053	0.056	0.01882
39	0.026	0.064	0.067	0.01370	0.051	0.053	0.01860
40	0.025	0.063	0.067	0.01317	0.050	0.053	0.01791
41	0.025	0.061	0.063	0.01306	0.049	0.050	0.01741
42	0.024	0.060	0.063	0.01261	0.048	0.050	0.01694
43	0.024	0.058	0.059	0.01248	0.047	0.048	0.01664
44	0.023	0.057	0.059	0.01210	0.045	0.046	0.01664
45	0.023	0.056	0.059	0.01175	0.044	0.046	0.01634
46	0.022	0.054	0.056	0.01175	0.043	0.044	0.01601
47	0.022	0.053	0.056	0.01153	0.043	0.044	0.01532
48	0.021	0.052	0.053	0.01126	0.042	0.044	0.01499
49	0.021	0.051	0.053	0.01102	0.041	0.042	0.01475
50	0.020	0.050	0.053	0.01072	0.040	0.042	0.01440

(注) 上記の耐用年数省令別表第八、別表第九及び別表第十には、耐用年数100年までの計数が掲げられている。

建物の標準的な建築価額表

（単位：千円）

構造 建築年	木造・ 木骨 モルタル	鉄骨 鉄筋 コンクリート	鉄筋 コンクリート	鉄骨	構造 建築年	木造・ 木骨 モルタル	鉄骨 鉄筋 コンクリート	鉄筋 コンクリート	鉄骨
昭39年	15.1	49.1	29.5	16.6	平6年	156.6	262.9	212.8	148.4
40年	16.8	45.0	30.3	17.9	7年	158.3	228.8	199.0	143.2
41年	18.2	42.4	30.6	17.8	8年	161.0	229.7	198.0	143.6
42年	19.9	43.6	33.7	19.6	9年	160.5	223.0	201.0	141.0
43年	22.2	48.6	36.2	21.7	10年	158.6	225.6	203.8	138.7
44年	24.9	50.9	39.0	23.6	11年	159.3	220.9	197.9	139.4
45年	28.0	54.3	42.9	26.1	12年	159.0	204.3	182.6	132.3
46年	31.2	61.2	47.2	30.3	13年	157.2	186.1	177.8	136.4
47年	34.2	61.6	50.2	32.4	14年	153.6	195.2	180.5	135.0
48年	45.3	77.6	64.3	42.2	15年	152.7	187.3	179.5	131.4
49年	61.8	113.0	90.1	55.7	16年	152.1	190.1	176.1	130.6
50年	67.7	126.4	97.4	60.5	17年	151.9	185.7	171.5	132.8
51年	70.3	114.6	98.2	62.1	18年	152.9	170.5	178.6	133.7
52年	74.1	121.8	102.0	65.3	19年	153.6	182.5	185.8	135.6
53年	77.9	122.4	105.9	70.1	20年	156.0	229.1	206.1	158.3
54年	82.5	128.9	114.3	75.4	21年	156.6	265.2	219.0	169.5
55年	92.5	149.4	129.7	84.1	22年	156.5	226.4	205.9	163.0
56年	98.3	161.8	138.7	91.7	23年	156.8	238.4	197.0	158.9
57年	101.3	170.9	143.0	93.9	24年	157.6	223.3	193.9	155.6
58年	102.2	168.0	143.8	94.3	25年	159.9	258.5	203.8	164.3
59年	102.8	161.2	141.7	95.3	26年	163.0	276.2	228.0	176.4
60年	104.2	172.2	144.5	96.9	27年	165.4	262.2	240.2	197.3
61年	106.2	181.9	149.5	102.6	28年	165.9	308.3	254.2	204.1
62年	110.0	191.8	156.6	108.4	29年	166.7	350.4	265.5	214.6
63年	116.5	203.6	175.0	117.3	30年	168.5	304.2	263.1	214.1
平元年	123.1	237.3	193.3	128.4	令和元年	170.1	363.3	285.6	228.8
2年	131.7	286.7	222.9	147.4	2年	172.0	279.2	277.0	230.2
3年	137.6	329.8	246.8	158.7	3年	172.2	338.4	288.3	227.3
4年	143.5	333.7	245.6	162.4	4年	176.2	434.3	277.5	241.5
5年	150.9	300.3	227.5	159.2					

（注）『建築統計年報（国土交通省）』の『構造別：建築物の数、床面積の合計、工事費予定額』表の1㎡当たりの工事費予定額による。

【計算例】　昭和55年に建てられた床面積合計120㎡の木造建物の場合
　　　　　建物の取得価額　＝　92.5千円　×　120㎡　＝　11,100千円

不動産取引と消費税の課否判定目安表

（事業者の売却・購入した事業用資産と消費税）

取 引 の 区 分				課　税	非課税	不課税
土　地	賃　貸	原　則			●	
		1か月未満のもの		●		
		駐車場・駐輪場	設備を有するもの（区画・フェンスなど）	●		
			上記以外		●	
		借地権の更新料・名義書換料			●	
	売　買	土地（土地の上に存する権利を含む）売買代金			●	
		登記関連費用（司法書士・土地家屋調査士の手数料など）		●		
建　物	賃　貸	原　則		●		
		住宅の貸付（注）			●	
		権利金・保証金など	返還を要するもの			●
			返還を要しないもの　住　宅		●	
			住宅以外	●		
	売　買	建物売買代金		●		
		登記関連費用（司法書士・土地家屋調査士の手数料など）		●		
その他		賃貸物件の管理手数料		●		
		ローン事務手数料		●		
		ローン金利保証料			●	
		火災保険料・生命保険料			●	

（注）住宅の貸付に係る契約において貸付に係る用途が明らかにされていない場合であっても、貸付の用に供する建物の状況等から人の居住の用に供することが明らかな貸付についても含まれる。

所得税の速算表　（税額の求め方＝A×B−C）

課税される所得金額　A		税率	控除額	課税される所得金額　A		税率	控除額
超	以下	B	C	超	以下	B	C
195万円以下		5%	0円	900万円	1,800万円	33%	1,536,000円
195万円	330万円	10%	97,500円	1,800万円	4,000万円	40%	2,796,000円
330万円	695万円	20%	427,500円	4,000万円超		45%	4,796,000円
695万円	900万円	23%	636,000円				

＊平成25年から令和19年までの各年分においては、上記速算表で計算した「所得税額×2.1%」の復興特別所得税が別途生じる。

★住民税の税率（一律10%）　税額の求め方 ＝ 課税される所得金額 × 10%

給与所得控除額の速算表 （給与所得＝給与の収入金額－給与所得控除額）

給与の収入金額Ⓐ		給与所得控除額
	162.5万円以下	550,000円
162.5万円超	180万円以下	Ⓐ×40% － 100,000円
180万円超	360万円以下	Ⓐ×30% ＋ 80,000円
360万円超	660万円以下	Ⓐ×20% ＋ 440,000円
660万円超	850万円以下	Ⓐ×10% ＋ 1,100,000円
850万円超		1,950,000円

＊介護・子育て世帯の場合（所得金額調整控除）

　給与収入が850万円を越える給与所得者で、下記の①～③のいずれかに該当する者は、給与所得の金額から、次の算式で計算した金額を控除する。

> {給与等の収入金額（上限1,000万円）－850万円} ×10%

①本人が特別障害者

②23歳未満の扶養親族を有する者

③特別障害者である同一生計配偶者または扶養親族を有する者

＊給与所得と年金所得の両方を有する者の場合（所得金額調整控除）

　給与所得控除後の給与等の金額と公的年金等に係る雑所得の金額がある給与所得者で、合計額が10万円を超える者は、給与所得の金額から次の算式で計算した金額を控除する。

　なお、介護・子育て世帯の場合（所得金額調整控除）の適用がある時は、その適用後の給与所得の金額から控除する。

> | 給与所得控除後の給与等の金額
（上限10万円） | ＋ | 公的年金等に係る雑所得の金額
（上限10万円） | － | 10万円 |

公的年金等控除額の速算表

（公的年金等の雑所得・・・その年中の公的年金等の収入金額－公的年金等控除額）

受給者の年齢	公的年金等の収入金額Ⓐ		公的年金等控除額		
			公的年金等に係る雑所得以外の合計所得金額		
			1,000万円以下	1,000万円超 2,000万円以下	2,000万円超
65歳以上	①	330万円以下	110万円	100万円	90万円
	② 330万円超	410万円以下	Ⓐ×25%＋ 27.5万円	Ⓐ×25%＋ 17.5万円	Ⓐ×25%＋ 7.5万円
	③ 410万円超	770万円以下	Ⓐ×15%＋ 68.5万円	Ⓐ×15%＋ 58.5万円	Ⓐ×15%＋ 48.5万円
	④ 770万円超	1,000万円以下	Ⓐ× 5%＋145.5万円	Ⓐ× 5%＋135.5万円	Ⓐ× 5%＋125.5万円
	⑤1,000万円超		195.5万円	185.5万円	175.5万円
65歳未満	①	130万円以下	60万円	50万円	40万円
	② 130万円超	410万円以下	Ⓐ×25%＋ 27.5万円	Ⓐ×25%＋ 17.5万円	Ⓐ×25%＋ 7.5万円
	③ 410万円超	770万円以下	Ⓐ×15%＋ 68.5万円	Ⓐ×15%＋ 58.5万円	Ⓐ×15%＋ 48.5万円
	④ 770万円超	1,000万円以下	Ⓐ× 5%＋145.5万円	Ⓐ× 5%＋135.5万円	Ⓐ× 5%＋125.5万円
	⑤1,000万円超		195.5万円	185.5万円	175.5万円

＊受給者の年齢は、その年の12月31日の年齢による（年の中途で死亡し又は出国した場合は、その死亡又は出国の日の年齢による）。

相続税の速算表　（税額の求め方＝A×B−C）

法定相続分に応ずる取得金額 A		税率 B	控除額 C
超	以下		
1,000万円以下		10%	0円
1,000万円	3,000万円	15%	50万円
3,000万円	5,000万円	20%	200万円
5,000万円	1億円	30%	700万円
1億円	2億円	40%	1,700万円
2億円	3億円	45%	2,700万円
3億円	6億円	50%	4,200万円
6億円超		55%	7,200万円

贈与税の速算表　（税額の求め方＝A×B−C）

受贈者		一般の受贈者		18歳以上の直系卑属である受贈者 (R4.3.31以前の贈与は20歳以上)	
基礎控除及び配偶者控除後の課税価格 A		税率（一般税率） B	控除額 C	税率（特例税率） B	控除額 C
超	以下				
200万円以下		10%	0円	10%	0円
200万円	300万円	15%	10万円	15%	10万円
300万円	400万円	20%	25万円		
400万円	600万円	30%	65万円	20%	30万円
600万円	1,000万円	40%	125万円	30%	90万円
1,000万円	1,500万円	45%	175万円	40%	190万円
1,500万円	3,000万円	50%	250万円	45%	265万円
3,000万円	4,500万円	55%	400万円	50%	415万円
4,500万円超				55%	640万円

＊1. 特例税率の適用を受けるためには、受贈者の戸籍謄本又は抄本を申告書に添付する必要あり。

＊2. 同年中に一般税率が適用される財産（一般贈与財産）と特例税率が適用される財産（特例贈与財産）がある場合の贈与税額は、以下の①と②の合計額となる。

① （A × 一般税率）× $\dfrac{\text{一般贈与財産の価額}}{\text{一般贈与財産の価額＋特例贈与財産の価額}}$

② （A × 特例税率）× $\dfrac{\text{特例贈与財産の価額}}{\text{一般贈与財産の価額＋特例贈与財産の価額}}$

＊3. 直系卑属である受贈者が18歳以上（令和4年3月31日以前は、20歳以上）であるか否かの判定は、特定の贈与を受けた年の1月1日の現況による。

相続税の概算税額表

法定相続分どおりに遺産を取得した場合（配偶者の税額は、常にゼロ）の各相続人の税額合計額と1人当たりの税額（かっこ書部分）

法定相続人 課税価格の 合計額	配偶者（1／2）と子（1／2）			子だけ（1／1）	
	子1人 （1／2）	子2人 （1人；1／4）	子3人 （1人；1／6）	子1人 （1／1）	子2人 （1人；1／2）
1億円	3,850	3,150 （1人；1,575）	2,624 （1人；874）	12,200	7,700 （1人；3,850）
2億円	16,700	13,500 （1人；6,750）	12,174 （1人；4,058）	48,600	33,400 （1人；16,700）
3億円	34,600	28,600 （1人；14,300）	25,399 （1人；8,466）	91,800	69,200 （1人；34,600）
4億円	54,600	46,100 （1人；23,050）	41,549 （1人；13,849）	140,000	109,200 （1人；54,600）
5億円	76,050	65,550 （1人；32,775）	59,624 （1人；19,874）	190,000	152,100 （1人；76,050）
6億円	98,550	86,800 （1人；43,400）	78,375 （1人；26,125）	240,000	197,100 （1人；98,550）
7億円	122,500	108,700 （1人；54,350）	98,849 （1人；32,949）	293,200	245,000 （1人；122,500）
8億円	147,500	131,200 （1人；65,600）	121,349 （1人；40,449）	348,200	295,000 （1人；147,500）
9億円	172,500	154,350 （1人；77,175）	143,850 （1人；47,950）	403,200	345,000 （1人；172,500）
10億円	197,500	178,100 （1人；89,050）	166,349 （1人；55,449）	458,200	395,000 （1人；197,500）
11億円	222,500	201,850 （1人；100,925）	188,849 （1人；62,949）	513,200	445,000 （1人；222,500）
12億円	247,500	225,600 （1人；112,800）	211,350 （1人；70,450）	568,200	495,000 （1人；247,500）
13億円	273,950	250,650 （1人；125,325）	234,999 （1人；78,333）	623,200	547,900 （1人；273,950）
14億円	301,450	276,900 （1人；138,450）	259,999 （1人；86,666）	678,200	602,900 （1人；301,450）
15億円	328,950	303,150 （1人；151,575）	285,000 （1人；95,000）	733,200	657,900 （1人；328,950）
20億円	466,450	434,400 （1人；217,200）	411,824 （1人；137,274）	1,008,200	932,900 （1人；466,450）

【備考】 1. 「法定相続人」欄のかっこ書内の分数（1／2、2／3など）は、法定相続人の法定相続分を示している。

2. 配偶者がいる場合で、配偶者の税額軽減の特例を最大限活用する場合は、一部上記の税額と異なるところがあるので、要注意。

（税額の単位；千円、税額の千円未満切捨て）

	配偶者（2／3）と親（1／3）		配偶者（3／4）と兄弟姉妹（1／4）		
子3人 （1人；1／3）	親1人 （1／3）	親2人 （1人；1／6）	兄弟姉妹1人 （1／4）	兄弟姉妹2人 （1人；1／8）	兄弟姉妹3人 （1人；1／12）
6,299 （1人；2,099）	2,711	2,222 （1人；1,111）	2,512	2,130 （1人；1,065）	1,814 （1人；604）
24,599 （1人；8,199）	11,311	10,044 （1人；5,022）	10,890	9,990 （1人；4,995）	9,232 （1人；3,077）
54,600 （1人；18,200）	23,533	21,000 （1人；10,500）	21,825	20,160 （1人；10,080）	19,357 （1人；6,452）
89,799 （1人；29,933）	37,044	33,266 （1人；16,633）	34,102	31,620 （1人；15,810）	30,374 （1人；10,124）
129,799 （1人；43,266）	51,577	46,622 （1人；23,311）	47,565	44,220 （1人；22,110）	42,464 （1人；14,154）
169,800 （1人；56,600）	67,133	61,066 （1人；30,533）	61,815	57,720 （1人；28,860）	55,215 （1人；18,405）
212,399 （1人；70,799）	83,010	76,088 （1人；38,044）	76,065	71,220 （1人；35,610）	68,309 （1人；22,769）
257,399 （1人；85,799）	99,122	91,644 （1人；45,822）	90,315	84,720 （1人；42,360）	81,809 （1人；27,269）
302,400 （1人；100,800）	115,233	107,200 （1人；53,600）	105,435	99,195 （1人；49,597）	95,827 （1人；31,942）
349,999 （1人；116,666）	132,310	123,333 （1人；61,666）	121,185	114,570 （1人；57,285）	110,452 （1人；36,817）
399,999 （1人；133,333）	150,088	139,999 （1人；69,999）	136,935	129,945 （1人；64,972）	125,077 （1人；41,692）
450,000 （1人；150,000）	167,866	156,666 （1人；78,333）	152,685	145,320 （1人；72,660）	139,702 （1人；46,567）
499,999 （1人；166,666）	185,644	173,621 （1人；86,810）	168,652	160,695 （1人；80,347）	154,672 （1人；51,557）
549,999 （1人；183,333）	203,422	190,844 （1人；95,422）	184,777	176,070 （1人；88,035）	170,047 （1人；56,682）
600,000 （1人；200,000）	221,200	208,066 （1人；104,033）	200,902	191,445 （1人；95,722）	185,422 （1人；61,807）
857,598 （1人；285,866）	310,966	295,022 （1人；147,511）	281,527	269,640 （1人；134,820）	262,297 （1人；87,432）

贈与税の概算税額表

[単位：万円]

贈与財産の額	一般の受贈者		20歳以上の直系卑属である受贈者 （R4.4.1以後の贈与は18歳以上）	
	贈与税の額	贈与税の負担率	贈与税の額	贈与税の負担率
100	0.0	0.0%	0.0	0.0%
150	4.0	2.7%	4.0	2.7%
200	9.0	4.5%	9.0	4.5%
250	14.0	5.6%	14.0	5.6%
300	19.0	6.3%	19.0	6.3%
350	26.0	7.4%	26.0	7.4%
400	33.5	8.4%	33.5	8.4%
450	43.0	9.6%	41.0	9.1%
500	53.0	10.6%	48.5	9.7%
550	67.0	12.2%	58.0	10.5%
600	82.0	13.7%	68.0	11.3%
650	97.0	14.9%	78.0	12.0%
700	112.0	16.0%	88.0	12.6%
750	131.0	17.5%	102.0	13.6%
800	151.0	18.9%	117.0	14.6%
850	171.0	20.1%	132.0	15.5%
900	191.0	21.2%	147.0	16.3%
950	211.0	22.2%	162.0	17.1%
1,000	231.0	23.1%	177.0	17.7%
1,050	251.0	23.9%	192.0	18.3%
1,100	271.0	24.6%	207.0	18.8%
1,150	293.0	25.5%	226.0	19.7%
1,200	315.5	26.3%	246.0	20.5%
1,250	338.0	27.0%	266.0	21.3%
1,300	360.5	27.7%	286.0	22.0%
1,350	383.0	28.4%	306.0	22.7%
1,400	405.5	29.0%	326.0	23.3%
1,450	428.0	29.5%	346.0	23.9%
1,500	450.5	30.0%	366.0	24.4%
1,600	495.5	31.0%	406.0	25.4%
1,700	545.0	32.1%	450.5	26.5%
1,800	595.0	33.1%	495.5	27.5%
1,900	645.0	33.9%	540.5	28.4%
2,000	695.0	34.8%	585.5	29.3%
2,100	745.0	35.5%	630.5	30.0%
2,200	795.0	36.1%	675.5	30.7%
2,300	845.0	36.7%	720.5	31.3%
2,400	895.0	37.3%	765.5	31.9%
2,500	945.0	37.8%	810.5	32.4%
2,600	995.0	38.3%	855.5	32.9%
2,700	1,045.0	38.7%	900.5	33.4%
2,800	1,095.0	39.1%	945.5	33.8%
2,900	1,145.0	39.5%	990.5	34.2%
3,000	1,195.0	39.8%	1,035.5	34.5%
4,000	1,739.5	43.5%	1,530.0	38.3%
5,000	2,289.5	45.8%	2,049.5	41.0%

【備考】 上表の「贈与財産の額」は、「基礎控除及び配偶者控除前の課税価格」により、また、「贈与税の負担率」は、「贈与税の額÷贈与財産の額」（小数点以下第2位以下を四捨五入）により計算している。